Über dieses Buch Der Autor untersuchte den Prozeß des Älterwerdens, der Reifung des Menschen, aus einer anderen Sicht als die bisherige Altersforschung, die den psychologisch-physiologischen Aspekt betont. Hier wird versucht, eine ganzheitliche, »kosmische« Dimension des Altersproblems zu erschließen. Jedes Alter hat seine eigenen Gesetze, seine eigenen Qualitäten und Chancen, die nicht nur durch die verminderten Energien, die verminderten Kräfte der absteigenden Lebenslinie bestimmt sind, sondern sich im Gegenteil durch die Reifung persönlicher Fähigkeiten auszeichnen und dadurch auch sozial wirksam sein können. Bei alledem ist der Gedanke von zentraler Bedeutung, daß der Mensch ein über die Grenzen von Geburt und Tod hinausreichendes Wesen ist: So wie die Kindheit von der Inkarnation bestimmt ist, so wird das richtige Altwerden unter dem Bild der Exkarnation stehen müssen – der erkennenden Vorbereitung auf den Tod und die nachtodliche Existenz des Menschen.

Über den Autor Hans Erhard Lauer (1899–1979) promovierte in Wien und war in der Schweiz, in Österreich und der Bundesrepublik Deutschland als Dozent, Redakteur und Schriftsteller tätig. Seine Arbeit galt der anthroposophischen Durchdringung von Geschichte, Kunst, Sprache und Anthropologie. Seine wichtigsten Bücher: *Geschichte als Stufengang der Menschwerdung, Die Volksseele Europas* sowie *Die Anthroposophie und die Zukunft des Christentums.*

Hans Erhard Lauer

Vom richtigen Altwerden

Der menschliche Lebenslauf,
seine geschichtlichen Wandlungen
und seine Gegenwartsprobleme

Fischer Taschenbuch Verlag

Perspektiven der Anthroposophie

Herausgegeben von
Johannes M. Mayer und Wolfgang Niehaus

Ungekürzte Ausgabe

Veröffentlicht im Fischer Taschenbuch Verlag GmbH,
Frankfurt am Main, August 1985

Lizenzausgabe mit freundlicher Genehmigung
des Verlages Die Kommenden AG, Neuhausen am Rheinfall
© 1972 Die Kommenden AG, Neuhausen am Rheinfall
Umschlaggestaltung: Jan Buchholz/Reni Hinsch
Gesamtherstellung: Clausen & Bosse, Leck
Printed in Germany
880-ISBN-3-596-25560-0

Inhalt

1. Die heutige Problematik
des Lebenslaufs

Zu den vielen für unser Jahrhundert bezeichnenden Tatsachen gehört als eine der bedeutsamsten diese, daß die Fragen nach der inneren Struktur und Gesetzlichkeit des menschlichen Lebenslaufs eine bisher nie gekannte Aktualität erlangt haben.

Bedingt ist dies wohl in erster Linie dadurch, daß dank den Errungenschaften der modernen Medizin und Hygiene die durchschnittliche Lebenserwartung gegenüber früher um mehr als zwei Jahrzehnte erhöht worden ist und daher die im Greisenalter Stehenden – wenigstens in den Ländern der westlichen Welt – heute einen bedeutend größeren Prozentsatz der Gesamtbevölkerung ausmachen, als dies in irgend einer früheren Zeit der Fall war. Dadurch hat schon die Problematik des *Altwerdens* an sich, speziell aber die Frage der Stellung der altgewordenen Menschen innerhalb der Gesellschaft, eine zuvor nie dagewesene Bedeutung erlangt. Seit Jahrzehnten erscheinen von Jahr zu Jahr in stets wachsender Zahl statistische, medizinische, psychologische, soziologische Untersuchungen über die Probleme des Alterns und des Alters. Bereits 1938 wurde die erste Zeitschrift für Altersforschung begründet.

Hinsichtlich der Stellung der Altgewordenen in der Gesellschaft hat der Wandel der sozialen Struktur, welchen die Entwicklung der Industriegesellschaft mit sich brachte, zunächst für die Frage der *materiellen Existenzsicherung* derselben neue Wege ihrer Lösung notwendig gemacht. Denn die Zeiten sind vorbei, in denen diese Frage in selbstverständlicher Weise aus den Familienzusammenhängen heraus geordnet wurde. Die fortschreitende Herabsetzung des Pensionierungsalters, die zunehmende Absonderung der Alten in Altersheimen usw. haben Alterssicherung und Altersfürsorge zu Aufgaben politischer Organisationen, zu Angelegenheiten gesetzgeberischer Regelung und damit zu einer Sache gemacht, die jedermann angeht. Allerdings haben sie auf den neuen Wegen noch keineswegs befriedigende Lösungen erfahren. Im Gegenteil: »Wir verzeichnen« – so hieß es in einem Bericht der Zürcher ›Tat‹ über eine im September 1971 im Duttweiler-Institut von Teilnehmern aus vielen Ländern abgehaltene Tagung über Altersfragen – »bei den Alten einen Verlust an gesellschaftlichem Ansehen. Die Alten sind in unserer Gesellschaft in Gefahr, zu einer diskriminierten Minderheit zu werden, ähnlich den Negern in den USA. Je größer ihre Zahl wird, je mehr sie die Volkswirtschaft belasten, um so eher könnte bei den aktiv Tätigen ein untergründiger Haß gegen die ausgeschaltete Minderheit entstehen. Diese Diskriminierung der Alten kann zu einer Radikalisierung führen. Steht eine soziale Revolution der Alten bevor? Sie kann Wirklichkeit werden, wenn wir nicht bald lernen, die alten Menschen wieder zivilisiert zu behandeln ... Für manche Soziologen ist heute die Aussicht auf eine sich weiter verlängernde Lebensdauer ein Alptraum. Als solchen empfinden sie auch die Versicherungsfachleute. Sie könnte finanziell nur verkraftet werden, wenn auch das Pensionierungsalter entsprechend hinausgeschoben würde.« Im Herbst 1970 hatte in Locarno ein von über 300 Delegierten aus 18 Ländern besuchter Kongreß über Sozialmedizin stattgefunden, über den dieselbe Tageszeitung unter dem Titel »Absonderung und Vereinsamung – zwei Krebsübel der Alten« berichtete. »Der Gesellschaft« – so hieß es darin – »steht eine gewaltige Aufgabe bevor: die Lösung der Probleme des dritten Lebensalters, zu der sie unter so dramatischen Umständen aufgerufen ist.« In ihrem Buch *La vieillesse* – um noch eine dritte Stimme zu erwähnen – behauptet *Simone de Beauvoir,* die Lebensgefährtin von Jean-Paul Sartre, daß die Alten von der bürgerlichen Gesellschaft unter dem Schutz des Wohlstandes und der Expansion als Parias behandelt und zum Elend, zur Vereinsamung, zur Verzweiflung verurteilt werden. Um die Barbarei mit der vorgeschützten Moral in Einklang zu bringen, betrachte die herrschende Klasse die Alten nicht als Menschen.

Daß die Lage der Alten in einem so alarmierenden Maße sich verschlechterte, hat darin seinen tieferen Grund, daß die Altersforschung (Gerontologie) uns noch keine genügende Klarheit darüber verschafft hat, welches die spezifischen Fähigkeiten des höheren Alters sind, wie sie erworben und wie sie für das Leben der Gesellschaft nutzbar gemacht werden könnten. Denn nur wenn solche Fähigkeiten in einem der Verlängerung des Lebens beziehungsweise der erhöhten Zahl der Alten entsprechenden vermehrten Maß zur Verfügung stünden, wäre es möglich, diesen innerhalb der Gesellschaft eine spezifische Funktion beziehungsweise Rolle zuzuteilen, – eine Funktion, die sie ihrer Diskriminierung und Isolierung entrisse und ihrem Altgewordensein auch für *ihr* Bewußtsein einen positiven Wert und Sinn verliehe. Eine solche spezifische Funktion würde zugleich eine altersgemäße gesellschaftliche Rollenverteilung zwischen Alten und Jungen bedeuten und könnte dadurch den *Konflikt zwischen den Generationen* mildern, der in unserem Jahrhundert in nie dagewesener Schärfe und weltweiter Ausbreitung ausgebrochen ist. Dieser Konflikt, der zur zweiten Hauptursache der so erhöhten Aktualität geworden ist, welche die Probleme des Lebenslaufes heute erlangt haben, hat einen seiner Gründe in dem Nichtvorhandensein einer solchen gesellschaftlichen Rollenverteilung. Das Fehlen der letzteren ist freilich ebensosehr dadurch bedingt, daß gleichzeitig auch Wesen und Sinn des *Jungseins* und damit die Wesensaufgabe der Jugenderziehung in unserem Jahrhundert für das allgemeine Bewußtsein sich immer mehr verdunkelt haben. Die sogenannte Bildungs- und Begabungsforschung hat diese Verdunkelung nicht beseitigt, sondern nur noch verstärkt. Sie fördert die Auffassung, für welche Kindheit und Jugend keine Lebensphasen von eigenem Charakter darstellen, sondern das Kind lediglich als ein kleinerer Erwachsener mit einem geringeren Quantum von Erwachsenenfähigkeiten erscheint. Die Jugend zeigt sich deshalb in ihrem Verhalten heute zu einem Widerspruch mit sich selbst in dem Sinne verurteilt, daß sie durch die allüberall im Gang befindliche Bildungsreform immer früher in die Welt der Alten integriert und immer perfekter an sie angepaßt wird und daher auch die gleichberechtigte Mitbestimmung auf allen Lebensgebieten fordert, andererseits gegen diese Welt protestiert und revoltiert.

So haben wir es heute nicht nur mit einem *Alters-,* sondern auch mit einem nicht weniger gravierenden *Jugendproblem* zu tun. Einen Vorläufer hatte die heutige Jugendrevolte übrigens bereits im Beginne des Jahrhunderts in der damaligen Jugendbewegung. Was im Wandervogeltum, in dem sich diese im wesentlichen auslebte, schon als Abwendung von, als Protest gegen und als Flucht aus der Welt der Alten, freilich noch in gemäßigter Form, in Erscheinung trat, hat heute in der Hippiebewegung, im Gammlertum, in der Rauschgiftsucht gewaltig gesteigerte Grade erreicht und lebt sich teilweise in bedenklichen Entartungserscheinungen aus.

So tumultuarisch und aggressiv die Jugendrevolte sich vielfach geltend macht, der Vorrang an Bedeutung ist dennoch dem

Altersproblem einzuräumen. Denn schon die einstmalige Jugendbewegung ließ es erkennen, und die heutige Jugendrevolte beweist es noch deutlicher, daß es sich bei ihnen um Reaktionserscheinungen handelt, die dadurch hervorgerufen wurden, daß die Erwachsenen mit den Aufgaben und Forderungen des Alterns, des »dritten Lebensalters«, in neuester Zeit immer weniger zurechtkamen und seit der Erhöhung der durchschnittlichen Lebenserwartung ihnen gegenüber immer entschiedener versagen. Im selben Maß, als das Leben äußerlich, an Jahren sich verlängerte, schwanden die Bereitschaft und der Wille dahin, in einem innerlichen Sinne alt zu werden. »Auf der ganzen Linie« – schrieb der tschechische Schriftsteller *Karel Capek* schon 1951 – »hat sich der Unfug des Alterns überlebt, – es gibt keine Veteranen des Lebens mehr, fast nur bejahrte Jünglinge, kaum noch ehrwürdige Greise.« Auch über die Lebensmitte hinaus »jung« zu bleiben oder wenigstens zu erscheinen oder auch durch geeignete Pharmaka sich leiblich jung zu erhalten, ist seitdem allgemeines Bestreben geworden. Und wo dies nicht oder nicht genügend gelingt, kommt es in der zweiten Lebenshälfte in rapider Zunahme zu inneren Krisen, ja zu seelischen Zusammenbrüchen. Hier hat dann die in den letzten Jahrzehnten entwickelte Altersheilkunde (Geriatrie, »mental hygiene«) einzugreifen. Der Zürcher Psychologe *H. Hanselmann,* der unter der Bezeichnung der »Andragogik« eine bestimmte Form der Erwachsenenbildung begründete, äußerte sich in seinem danach betitelten Buche (1951) über diese Verhältnisse folgendermaßen: »Die Pädagogik versucht, das Kind und den Jugendlichen reif zu machen zum lebenslänglichen Streben in der Selbsterziehung; Aufgabe der Andragogik ist es, den erwachsenen Menschen in diesem Streben wach zu erhalten und ihn zu unterstützen, indem sie ihn zu schützen versucht vor allen vielfachen Gefahren einer Flucht vor sich selbst oder vor der Gefahr der Erstarrung im Stillstand des ›Fertigseins‹. Unsere heutige Welt, die so voll Zivilisation und so arm an Kultur ist, hat jene Gefahr in stärkstem Maße heraufbeschworen. Ein großer Teil der Erwachsenen verfällt ihnen von Tag zu Tag mehr und erstarrt in der Ichsucht oder verläuft sich auf der Ichflucht, der Flucht vor dem Ich-Selbst.« Noch schärfer charakterisierte der Stuttgarter Psychiater *J. Bodamer* in seinem Buche *Der Mensch ohne Ich* (1958) die heutige Situation (S. 91 ff.): »Das Alter und der alte Mensch, überhaupt die ganze Welt des Alten und Verehrungswürdigen, bedeuten für unsere heutige Gesellschaft nicht mehr die gewordene und bejahte Überwölbung, den Schlußstein des Ganzen, sondern sind ihr Skandalon ... Alt sein ist kein Wert mehr, hat weder ein geistiges noch menschliches Gewicht im vollen Sinne dieses Wortes. Umwertung also und damit Entwertung des Alters ... In keiner vergleichbaren Epoche der menschlichen Geschichte war der alte Mensch chronologisch so alt wie heute, aber auch in keiner menschlich so isoliert und irdisch so unbrauchbar, was sich in den ansteigenden Zahlen der Altersselbstmorde statistisch gesichert, deutlich zeigt ... Das Alter ist in unserer Welt gleichsam ohne Ort, es hat keine Geltung, genießt nicht den ihm zukommenden Rang und übt keine Funktion aus ... Die Grenzen zwischen Jugend und Alter werden so verwischt und undeutlich gemacht, daß Jugend nicht mehr einen Zeitabschnitt der menschlichen Lebensentwicklung bedeutet, sondern als permanente, gewollte und dann habituelle Unreife festgehalten wird. Der innere Mensch, der im Alter hervortreten müßte, wenn der äußere zu verblassen beginnt, bleibt aus, weil sich dieser innere Mensch, die inwendige geistige Figur einer menschlichen Existenz, das Ich des Alters – könnte man sagen –, gar nicht hat bilden können. Denn die Struktur unserer Zeit ist so, daß sie zwar organisatorisch und karitativ alles tut, um das Alter seine Nutzlosigkeit nicht zu sehr fühlen zu lassen, gleichzeitig aber verhindert diese Zeit auch mit allen Mitteln, daß wir im geistigen Sinn richtig alt werden können.«

Worin hat all das seinen tiefsten Grund?: In der absoluten Herrschaftsposition, welche, wie im Ganzen des Gesellschaftslebens die *Wirtschaft,* so speziell im geistigen Leben heute die *Naturwissenschaft* einnimmt. Angesichts der ungeheuren Errungenschaften, welche wir beiden hinsichtlich der Erkenntnis sowie der technischen Beherrschung und Nutzbarmachung der Natur verdanken, wäre es sinnlos, sich gegen sie als solche wenden zu wollen. Es ist auch durchaus verständlich, daß sie *durch* diese ihre Errungenschaften zu ihrer heutigen Herrschaftsposition aufgestiegen sind. Diese hat aber zur Folge, daß auch der *Mensch* heute von den allermeisten Vertretern wissenschaftlicher Forschung und von den Repräsentanten gesellschaftlicher Machtausübung als ein *bloßes Naturwesen* beziehungsweise als bloßer *homo oeconomicus* betrachtet wird. Das bedeutet auf dem speziellen Gebiet der Altersforschung, daß diese den menschlichen Lebenslauf ausschließlich vom physiologischen und psychologischen Aspekt, im besten Falle vom Gesichtspunkt der »Leib-Seele-Einheit« ins Auge faßt. So gesehen, muß der Prozeß des Alterns als bloßer Rückbildungsprozeß erscheinen, der die gesellschaftliche Leistungsfähigkeit schrittweise verringert, welche die heutige Industrie – beziehungsweise Leistungsgesellschaft von ihren Mitgliedern verlangt. Anders gesagt: diese Betrachtungs- und Bewertungsart macht dafür *blind,* daß der Mensch in seinem Kern ein *geistiges* Wesen ist, was hier so viel heißen soll wie das zur *Erkenntnis* und zur *Freiheit* befähigte Wesen. Dadurch besitzt er die Möglichkeit, in der Zeit, da der Leib sich zurückbildet und die physische Leistungsfähigkeit abnimmt, Fähigkeiten geistiger Art zu entwickeln, die in der Richtung der Erkenntnis und der Freiheit über jene hinausliegen, welche auszubilden das erste und das zweite Lebensdrittel meistens erlauben.

Da eine einseitig oder ausschließlich naturwissenschaftliche Betrachtung dies nicht wahrzunehmen vermag und eine einseitig wirtschaftlich orientierte Gesellschaft an solchen Fähigkeiten nicht interessiert ist, verbauen sie in ihren praktischen Auswirkungen auf den alternden Menschen die Verwirklichung solcher Möglichkeiten. Sie können einzig *darin* ein Ziel erblicken, durch pädagogische oder medizinische Behandlung den Alterungsprozeß möglichst lange hinauszuschieben. Auf dem Londoner Symposion der Ciba-Foundation über die Zukunft des Menschen vom Jahre 1962, das eine Reihe führender Naturforscher und Nobelpreisträger vereinigte, entwickelte einer der Teilnehmer (*Alex Comfort*) hierüber folgende Idee: »Wenn wir das Leben der Erwachsenen verlängern könnten, ohne die beiden Perioden der Abhängigkeit von anderen, die Kindheit und das Greisenalter, merklich zu verlängern, dann wäre jeder gewonnene Tag an produktivem Leben ein Gewinn für die Menschheit. Heute verbringen wir ein Drittel bis zur Hälfte unseres potentiellen Lebens in einer Ausbildung, um als Bauern oder Biologen produktiv zu werden und dann auf der Höhe unserer Erfahrungen durch Tod oder Gebrechlichkeit abzutreten. Deshalb lohnt sich alles, was wir tun können, um unsere Schaffensperiode zu verlängern ... Wenn man die Uhr im höheren Alter anhalten oder verlangsamen könnte, wäre das ein wertvoller Gewinn – *beispielsweise geschenkte fünf Jahre im Alter von 20 oder 30,* nach dem der Lebenszyklus dann normal vollendet würde. Von allen möglichen Modifizierungen des Systems Kindheit – Erwachsenenalter – Greisenalter scheint diese sozial am wünschenswertesten.« (*Das umstrittene Experiment: der Mensch,* 1963, hrsg. von R. Jungk und H. J. Mundt.)

Eine wirkliche und das heißt positive Lösung des Altersproblems kann nur einer Forschung gelingen, die durch ihre Methode, das heißt durch die Art ihrer Betrachtung, den *Menschen* in der leiblich-seelisch-geistigen *Ganzheit* seines Wesens in den Blick faßt. Denn dadurch vermag sie auch ein Bild der inneren Gliederung, der Werdegesetze und der Möglichkeiten seelisch-geistiger Entwicklung zu gewinnen, die der Lebenslauf in seiner Ganzheit bietet. Von daher läßt sich schließlich für das Alters- und für das Jugendproblem auch in seinem gesellschaftlichen Aspekt eine Lösung finden, das heißt können die Alten und die Jungen der Stellung, der Funktion und der Behandlung innerhalb der Gesellschaft teilhaftig werden, die den Lebensphasen entsprechen, in denen sie stehen.

Durch diese Hinweise ist zugleich die Richtung angedeutet, in welcher die Ausführungen dieses Buches sich bewegen. Indem sie den geistigen Wesenskern des Menschen mit berücksichtigen, fassen sie damit zugleich auch die durch ihn bedingte *geschichtliche* Daseinsweise ins Auge, die der Menschheit eignet. Diese hat zur Folge, daß mit den geschichtlichen Wandlungen des Menschen auch die Problematik des Lebenslaufs von Epoche zu Epoche sich wandelt. Die letztere kann darum im vollen Umfang ihrer Bedeutung nur dadurch ans Licht treten, daß ihre geschichtlichen Metamorphosen in die Betrachtung mit einbezogen werden.

2. Der Lebenslauf als Abbild der Planetensphären

Für eine oberflächliche Betrachtung könnte es scheinen, als sei der menschliche Lebenslauf eine Naturtatsache, die wir, wie andere Naturtatsachen, schlechterdings hinzunehmen haben, – an der es nichts zu deuten und zu rätseln gebe, und an der vor allem nichts zu ändern sei. Wie die Pflanze sproßt, blüht, Früchte trägt und hinwelkt, so wird auch der Mensch geboren, wächst, reift, altert und stirbt: es scheint dies das Selbstverständlichste von der Welt zu sein.

Geht man jedoch in der Betrachtung nur ein *wenig* tiefer, so zeigt sich sofort, daß ein solcher Vergleich des Menschenlebens mit dem Pflanzenleben, des menschlichen Lebenslaufs mit dem Jahreskreislauf – so sehr er sich auch aufdrängt und so oft er auch, namentlich in dichterischen Darstellungen, angestellt worden ist – ganz an der Oberfläche bleibt. Denn sogleich treten fundamentale Unterschiede hervor. Um aus vielen nur den allerelementarsten herauszugreifen: Bei der Pflanze ist jede Phase ihrer Entwicklung und jede Gestalt, die sie im Laufe derselben annimmt, teils durch ihre eigene Natur, teils durch die Wirkungen ihrer Umwelt – im weitesten Sinne dieses Wortes – eindeutig bestimmt. Ihr kommt nur ein *Sein* zu, das in jeder Beziehung durch die Gesamtnatur, von der sie selbst ein Glied bildet, bestimmt ist.

> Die Ros' ist ohn' warum, sie blühet, weil sie blühet,
> Sie acht' nicht ihrer selbst, fragt nicht, ob man sie siehet.
>
> *Angelus Silesius*

Der Mensch dagegen hat nicht nur ein Sein, sondern auch ein *Bewußtsein,* ja ein Selbstbewußtsein. Er *lebt* nicht nur sein Dasein, sondern er *erlebt* es auch, und zwar als das seinige. Und diese Tatsache ist nur der Ausdruck der andern, daß ihm außer seiner äußeren, physischen Erscheinung auch noch eine seelische Innenwelt eignet. Diese ist aber nicht im selben Sinne an den Ablauf der Zeit gebannt wie jene. Der Mensch vermag durch sie erinnernd sich in die Vergangenheit zu versetzen und planend die Zukunft vorauszunehmen. Er weiß in der Gegenwart um das, was gewesen ist, und in gewissem Maß um das, was sein wird. Dadurch hat die Gestaltung des Lebenslaufs für ihn nicht bloß den Charakter einer Tatsache, sondern bekommt zugleich den einer *Aufgabe*, – der Aufgabe nämlich, sein Innenleben jeweils in die rechte Beziehung zum äußeren Ablauf seines Lebens zu setzen, – es von Altersstufe zu Altersstufe so zu gestalten, daß es im Einklang mit den Möglichkeiten und Forderungen seines leiblichen Daseins steht. Dies meinen wir, wenn wir dem menschlichen Dasein den Charakter der *Existenz* zusprechen. Eine unter den Aufgaben, die aus diesem seinem Daseins-Charakter erwachsen, besteht darin, *altersgemäß* zu leben. Er kann diese Aufgabe in zweifacher Weise verfehlen: entweder – um nur die äußersten Extreme zu nennen – indem er als Jüngling schon zum Greis wird oder wenn er als Greis noch immer Jüngling geblieben ist.

Eine andere grundlegende Eigentümlichkeit des menschlichen Lebenslaufs zeigt sich beim Vergleich mit demjenigen des Tieres. Dieses hat ja – im Unterschied von der »schlafenden« Pflanze – mit dem Menschen das Moment des Bewußtseins, der Beseeltheit gemeinsam. Wir kennen nicht nur eine Psychologie des Menschen, sondern auch eine solche des Tieres. Dem Tiere aber fehlt die Fähigkeit des Selbstbewußtseins, der Charakter der Persönlichkeit, – es ist bloßes Gattungswesen. Sein ganzes Leben steht im Dienste der Erhaltung seiner Gattung. Den Höhepunkt desselben, dem es – verglichen mit dem Menschen – mit großer Schnelligkeit entgegeneilt, bildet die Erlangung der Geschlechtsreife, die meist mit dem vollen körperlichen Ausgewachsensein zusammenfällt. Dann tritt nichts Neues mehr in seinem Dasein zutage. Es folgt vielmehr ein langsames Altern und Hinwelken.

Der Mensch aber ist Persönlichkeit. Der Sinn seines Lebens erschöpft sich nicht in der Fortpflanzung seiner Gattung. Schon die volle körperliche Reife folgt der Erlangung der Geschlechtsreife in langem Abstand nach, und die eigentliche Ausreifung seiner Persönlichkeit findet sogar erst in der zweiten Lebenshälfte statt, – in einer Zeit also, in welcher das körperliche Leben sich bereits auf der absteigenden Linie befindet. Ja, sie kann sich in gewisser Beziehung bis ins höchste Greisenalter hinauf fortsetzen. Es erfolgt also im Laufe des Lebens eine gewisse Emanzipation des seelischen Lebens von der leiblichen Organisation, und auf dieser Tatsache beruht wohl die Auffassung, die in allen älteren Zeiten geherrscht hat, daß die menschliche Seele, wenn sie im Tode die leibliche Hülle völlig abstreift, in rein geistiger Daseinsweise fortlebe.

Diese Fähigkeit des Menschen: als Seele, als Persönlichkeit durch sein ganzes Leben hindurch, auch bei abnehmenden Leibeskräften, sich weiterzuentwickeln, verleiht dem menschlichen Lebenslauf sein *spezifisch menschliches Gepräge* und hat darum als Tatsache die Menschen von jeher beschäftigt. Man hat seit alters die Aufmerksamkeit hingelenkt auf die spezifischen Möglichkeiten, welche die verschiedenen Altersstufen dem Menschen für seine seelisch-geistige Entwicklung bieten. Wir finden daher auch schon in alten Zeiten ganz bestimmte Auffassungen in bezug auf diese Möglichkeiten. Wollen wir deren Sinn verstehen, so müssen wir uns allerdings zuvor vergegenwärtigen, wie man damals über das Wesen und die Weltstellung des Menschen überhaupt gedacht hat.

Diese Gedanken treten uns in vorchristlicher Zeit vor allem in einer zweifachen Ausgestaltung entgegen, die aber im Grunde nur die gegensätzliche Form darstellt, in die sich ein im tieferen Sinne identischer Inhalt kleidet. Wir meinen den Gegensatz zwischen dem *Judentum* und den verschiedenen *heidnischen* Völkern. Wie das alte Hebräertum über den Menschen dachte, geht deutlich schon aus der mosaischen Schöpfungsgeschichte hervor. Ihr zufolge bildete Gott den menschlichen Leib aus den Stoffen der Erde. Aber diesen staubgeborenen (und nach dem Tode wieder zu Staub zerfallenden) Leib formte er der Gestalt nach zum Ebenbilde seiner selbst und hauchte ihm eine lebendige Seele ein. Das alte Testament betont also die Zwienatur des Menschen: seiner Körperlichkeit nach ein Stück Erde, seiner Gestalt nach aber ein Abbild Gottes, ja seiner Seele nach Gott selbst verwandt. Dieser Dualismus der Menschenauffassung spiegelt aber nur wider die dualistische Art, in welcher das Hebräertum auch die außermenschliche Welt betrachtete und in dieser das Natürliche und das Göttliche voneinander schied. Die Natur selbst war ihm nicht göttlich, sondern nur das Werk Gottes, das er in den sechs Schöpfungstagen geschaffen hat; Gott aber stand ihm als der einige und einzige über und jenseits der unendlichen Mannigfaltigkeit der Erscheinungen, in denen die Natur sich darbietet. Darum sollte sich der Hebräer auch kein äußeres Bild von ihm machen; denn was immer als solches Bild hätte dienen können, es hätte der Natur entnommen sein müssen.

Den polaren Gegensatz hierzu bildet die Welt- und Menschenauffassung der verschiedenen heidnischen Völker, wie sehr sie unter ihnen im übrigen auch variieren mag. Für sie bedeutete das Göttliche und das Natürliche noch eine ungeschiedene Einheit. Darum unterschieden sie auch, entsprechend der Vielfalt der Naturerscheinungen, eine Vielzahl von höheren und niederen Göttern, deren jedem ein bestimmter, begrenzter Wirkungsbereich zugeordnet war. Erde, Wasser, Luft und Feuer, Meere und Flüsse, Bäume und Berge, jede geographische Lokalität im besondern, aber auch – und vor allem – Sonne, Mond und Sterne waren ihnen bevölkert von Legionen von Geistern und Göttern. So war ihre Religion Naturverehrung, und sie war, insofern diese namentlich den erhabensten Erscheinungen der Sinneswelt dargebracht wurde, vornehmlich Sternendienst, Sonnenkult, Mondenreligion. Die Namen der griechisch-römischen Götter, mit denen wir noch heute die Planeten bezeichnen: Merkur, Venus, Mars, Jupiter, Saturn, erinnern an diese ehemalige Einheit von Natürlichem und Göttlichem. Von dem aber, was ihnen in diesem Sinne eine einheitliche geistig-physische *Welt* war – was die Griechen »Kosmos«: das Schöne, Wohlgeordnete nannten, weil es durch die ihm innewohnenden und durch seine Gestaltungen hindurchscheinenden göttlichen Intelligenzen geordnet ist und in Ordnung erhalten wird, – erblickten sie im Menschen das *Abbild.* Und darauf beruhte für sie seine Würde, daß er den *Mikrokosmos,* die kleine Welt, darstellt, in welchem der *Makrokosmos,* die große Welt, wie in einem Kompendium sich zusammenfaßt und sich deshalb auch erkenntnismäßig widerzuspiegeln vermag.

Hieraus ergab sich eine Auffassung des Menschen und eine Orientierung des menschlichen Lebens, die man – nur muß dieses Wort in einem viel umfassenderen Sinne genommen werden, als es heute verstanden zu werden pflegt – als eine *astrologische* bezeichnen kann. Auch heute noch gibt es eine Astrologie als Lehre von den geistig-seelischen Einwirkungen der Sternenwelt auf den Menschen und sein Leben, und sie hat gerade in unserem Jahrhundert an Verbreitung wieder bedeutend zugenommen. Sie zehrt zum größten Teil noch von den Überlieferungen, die auf jene alten Zeiten zurückgehen. Dennoch ist sie nur ein kümmerlicher Überrest von dem, was sie einstmals war. Heute nimmt sie eine fragwürdige Stellung ein zwischen Wissenschaft und Religion. Sie ist weder das eine – im Sinne dessen, was man heute unter Wissenschaft versteht – noch das andere, weil ihr die entsprechenden moralischen Zielsetzungen fehlen –, wird sie doch meist für die Erreichung ganz egoistischer Machtziele oder für die Erfüllung banalster Wünsche des Glückes, Genusses, rein materieller Wohlfahrt in Anspruch genommen! In alten Zeiten war sie nicht etwas so Spezielles, sondern nur ein besonderer Ausdruck eines Allumfassend-Einheitlichen, das zugleich Religion und »Wissenschaft« war. Sie war ein Element, welches das ganze menschliche Leben in allen seinen Erscheinungsformen durchdrang und sich aus der Welt- und Menschenanschauung ergab, die auch dem damaligen religiösen Leben zugrunde lag. Der Mensch jener Zeiten blickte zu seinen Göttern auf als zu den Wesen, als deren Nachkommen er sich selbst auffaßte, von denen er sich mit seinen verschiedenen Fähigkeiten begabt und in seinem Lebensschicksal bestimmt wußte. Diese Götter hatten ihre Wohnsitze in Sonne, Mond und Sternen, – hatten ihre Wirkungsbereiche in den Sphären, welche von den verschiedenen Planeten umkreist werden. Also mußte der Mensch die Spuren seiner Abstammung von ihnen noch in den Beziehungen aufweisen, welche zwischen den einzelnen Teilen und Organen seines Wesens und entsprechenden Wirkungsbereichen des Himmels bestehen. Die Verwandtschaften der Götter untereinander, ihr freundliches Zusammenwirken oder feindliches Sichentgegentreten kamen für ihn zum sichtbaren Ausdruck in den Beziehungen zwischen der planetarischen und der zodiakalen Welt, in den wechselnden Konstellationen der Wandelsterne zueinander: Konjunktion, Opposition usw. Die Art, wie ein bestimmter Mensch in dieses ganze Götterwirken hineingestellt ist, kennzeichnet sich durch die Stellung, welche die Sterne im Augenblick seiner Geburt zueinander einnehmen.

Im Sinne solcher Auffassungen hat man in alten Zeiten schon den menschlichen Leib seiner Formbildung nach als Abbild des ganzen Kosmos betrachtet, insofern dessen gestaltende Kräfte in der Zwölfheit der Tierkreisbilder sich zusammenfassen: Das Haupt ordnete man dem Widder, die Sprachorganisation dem Stier, die Arme den Zwillingen, den Brustkorb dem Krebs, das Herz dem Löwen zu usw. In analoger Weise setzte man die inneren Lebensfunktionen des Organismus, insofern sie durch bestimmte Organe repräsentiert sind, mit den verschiedenen planetarischen Sphären in Beziehung: so etwa das Herz mit der Sonne, die Galle mit dem Mars, die Leber mit dem Jupiter usw. Aber nicht nur in bezug auf seine räumliche Gestalt und seine physiologischen Prozesse, sondern auch hinsichtlich der zeitlichen Gliederung seines Lebens betrachtete man den Menschen im Zusammenhang mit dem Kosmos, – mußte sich doch eine solche Betrachtung auch geradezu aufdrängen angesichts der Tatsache, daß alle zeitlichen Rhythmen, die wir in der Natur beobachten: Tag, Monat, Jahr usw. durch Umlaufszeiten der Gestirne bedingt sind. Und damit kommen wir auf die Auffassungen zu sprechen, die damals speziell über die zeitliche Gliederung des menschlichen Lebenslaufs und über die spezifischen Möglichkeiten herrschten, welche die verschiedenen Lebensalter dem Menschen für seine seelisch-geistige Entwicklung gewähren.

Auch die hier zu beobachtende Folge von sich unterscheidenden Perioden brachte man in Verbindung mit den aus dem Außerirdischen hereinwirkenden Kräften, und zwar speziell mit denjenigen der Planetenwelt.

Nun bestand ja die besondere Leistung des Griechentums auf astronomischem Gebiete darin, daß es – während die orientalischen Völker sich noch fast ausschließlich mit der Erforschung der zeitlichen Rhythmen der Himmelsbewegungen begnügten (die sie dann ihren Kalenderordnungen zugrunde legten) und für deren räumliche Verhältnisse wenig Interesse entwickelt hatten – ein bestimmtes geometrisches Bild von der räumlichen Beschaffenheit des Kosmos ausgestaltete. Dieses tritt uns deutlich schon bei Aristoteles und seinen Schülern entgegen, erlangte aber seine vollkommene mathematische Durchbildung erst durch *Claudius Ptolemäus,* der im ersten nachchristlichen Jahrhundert in Alexandria in Ägypten gelebt hat. Dieses ptolemäische oder geozentrische Weltbild ist – im wesentlichen – gekennzeichnet durch die Vorstellung, daß die Erde den ruhenden Mittelpunkt der Welt bilde und von sieben sich um sie herumbewegenden Kugelsphären umgeben sei, an denen die verschiedenen Planeten »befestigt« sind, und zwar – Sonne und Mond wurden damals noch zu ihnen gezählt –, von der Erde aus durchlaufen, in dieser Reihenfolge: Mond, Merkur, Venus, Sonne, Mars, Jupiter, Saturn. Außerhalb derselben schließt sich dann als achte, äußerste Sphäre die der Fixsterne an. Diese Sphären sind jedoch als Wirkungsgebiete niederer und höherer Götter – Planetenintelligenzen – zu denken, welche die Bewegungen der Sterne verursachen und in bestimmter Weise geordnet haben. In großartigster dichterischer Darstellung tritt uns dieses Weltbild noch im Mittelalter entgegen in Dantes *Gött-*

licher Komödie, namentlich in deren drittem Teil, dem »Paradiso«, in welchem Dante seine Wanderung durch diese Sphären beschreibt. Nur sind hier anstelle der heidnischen Planetengötter die Rangordnungen der vom Christentum unterschiedenen Engelreiche getreten, mit denen der Dichter die der ewigen Seligkeit teilhaftig gewordenen abgeschiedenen Seelen, je nach dem Grade ihrer Vollkommenheit, in niederen oder höheren Sphären vereint findet. An der Grenze dieser Welt angekommen, wird ihm noch ein Blick ins Empyreum, den Feuerhimmel, gestattet, die Welt der göttlichen Trinität, welche diesen ganzen in sich geschlossenen Kosmos umgibt, trägt und im Dasein erhält.

Es ist nun höchst bedeutsam, daß uns gerade von Claudius Ptolemäus auch eine Schrift erhalten ist, die *»Tetrabiblos«,* in welcher er, von astrologischen Fragen handelnd, eine Zuordnung der Lebensalter zu den Planetensphären gibt. Und diese Darstellung bildet die ausführlichste Charakteristik der verschiedenen Stufen des menschlichen Lebens überhaupt, die uns aus dem klassischen Altertum überliefert ist.[1]

Ptolemäus betont eingangs seiner Ausführungen, es genüge zum astrologischen Verständnis des menschlichen Lebens nicht, nur die Geburtskonstellation zu beachten, wie sie im Horoskop zum Ausdruck kommt, sondern es sei außerdem zu berücksichtigen, daß die verschiedenen Phasen unseres Lebens in besonderer Weise von den einzelnen Planeten »regiert« werden.

In diesem Sinne ordnet er die Zeit vom *1. bis 4. Lebensjahr* dem der Erde am nächsten stehenden Planeten, dem *Monde,* zu. Wäre die Erde allen kosmischen Einflüssen entzogen und nur sich selbst überlassen, so würde sie ersterben. Daß sie lebt und Lebendiges aus ihrem Schoße hervorgehen läßt, ist – nach der Auffassung der Alten – den außerirdischen Einwirkungen, und zwar zunächst denjenigen der Mondensphäre zu verdanken. Sie bringen es zustande, daß Lebendiges sich auf der Erde regt und durch Fortpflanzung am Leben erhält. Sie sind besonders tätig in den Generationsvorgängen. Und da alles Lebendige des Wassers bedarf, um sich zu bilden, zu ernähren, im Flusse der Verwandlungen zu erhalten, so sind die Mondenkräfte besonders im Feucht-Flüssigen wirksam. Der Einfluß des Mondes und seiner wechselnden Phasen auf das Wachstum

[1] Vgl. Franz Boll: Die Lebensalter, 1913.

der Pflanzen ist auch dem heutigen Landwirte noch bekannt. In seinen ersten Lebensjahren lebt das Kind noch ganz im Schoße der Familie, des Blutszusammenhanges, aus dem es geboren wurde. Es nährt sich zunächst noch von der Milch der Mutter, und sein ganzes Dasein steht noch im Zeichen des Wachstums seines Leibes und der Ausgestaltung seiner Organe. Die vorgeburtlichen Prozesse seiner Leibesbildung setzen sich in gewisser Weise noch fort. Erst mit dem Ersatz des Milchgebisses durch die zweiten Zähne wird es aus der Sphäre dieser Kräfte völlig entlassen.

Vom *5. bis 14. Lebensjahr* durchläuft es gleichsam den Bereich des *Merkur*. Wir kennen ihn als den beweglichen, flügelbeschuhten Boten der Götter, aber auch als den Stifter und Lehrer der tiefsinnigen »hermetischen« Weisheit, wie sie in den Mysterien Ägyptens gepflegt wurde, – andererseits aber auch seiner Klugheit und Schlauheit wegen als den Gott der Händler und Diebe, und schließlich mit seinem Schlangenstab als den Inspirator der Heilkunst. In seinem zweiten Lebensabschnitt zeigt das Kind alle diese Merkmale des »Merkurialen«: in seiner leichten, anmutigen Beweglichkeit, in seiner Lernbegierde, in seiner nüchternen, noch unsentimentalen Lust am Gewinnen und Übervorteilen, schließlich in dem besondern Maß von Gesundheit, welches diese Lebensphase vor andern auszeichnet.

Das *15. bis 22. Lebensjahr* steht im Zeichen der *Venus*. Die Kraft der Liebe erwacht jetzt, – und zwar nicht nur die sinnliche, sondern auch die geistige. Wie denn auch von der Göttin der irdischen immer die der himmlischen Liebe – Venus Urania – unterschieden wurde. Nicht nur die geschlechtlichen Triebe, auch der Enthusiasmus für das Schöne, die Begeisterung für alles Hohe und Ideale entbrennen jetzt in der Seele des Heranwachsenden.

Mit dem vollen Erwachsensein betritt der Mensch den Herrschaftsbereich der *Sonne*. Unter den planetarischen Sphären steht die ihrige nicht nur in der Mitte, sondern sie ist auch die weitaus mächtigste, – erhellt doch ihr Licht die ganze Welt. Dementsprechend verweilt auch der Mensch in dieser Sphäre am längsten, während der ganzen mittleren Zeit seines Lebens: vom *23. bis zum 41. Jahre.* Er erklimmt die Sonnenhöhe seines Lebens. Alles, was an schöpferischen Kräften in ihm veranlagt ist, kommt jetzt zur Entfaltung, – die Eigenart seiner Persönlichkeit gelangt während dieser Zeit zur vollen Ausprägung.

Seine leiblichen und geistigen Kräfte halten sich das Gleichgewicht.

Mit dem *42. Jahre* wird *Mars* zum Regenten seines Lebens und bleibt es bis zum *56. Jahre.* Wer in dieses Alter tritt, hat bereits etwas geleistet oder geschaffen. Jetzt nimmt die Welt Stellung zu dieser Leistung oder Schöpfung, – im anerkennenden oder ablehnenden Sinne. Es wird dafür oder dagegen Partei ergriffen. Der Mensch wird in Kämpfe, in Auseinandersetzungen hineingerissen. Und er selbst hat in diesem Alter die stärkste Neigung zur Polemik, die größte Lust zu Auseinandersetzungen. Der Ausgang dieser Kämpfe aber entscheidet über den weiteren Verlauf seines Lebens. Entweder er unterliegt, wird von seinem Platze verdrängt und zum »alten Eisen« geworfen. Oder er vermag sich durchzusetzen; dann wird er seine Geltung auch weiter behaupten.

Hat er die Mitte der 50er Jahre überschritten, so wird er der Fähigkeiten teilhaftig, die ihm *Jupiter* zu schenken vermag. Er wächst allmählich über sein nur Persönliches hinaus, lernt ein größeres Ganzes von menschlichen Zusammenhängen überschauen, hat ein gewisses Maß von Lebenserfahrung und Lebensweisheit errungen, kann dadurch Anderen zum Rater werden und entwickelt darum jetzt die Fähigkeit und den Drang, zu herrschen. Vom *56. bis zum 68. Lebensjahr* rechnet Ptolemäus diese Periode (gemäß dem 12jährigen Jupiterumlauf).

Geht es gegen das 70. Lebensjahr zu, so tritt der Mensch in seinen letzten Lebensabschnitt ein, dem *Saturn* seinen Charakter verleiht. Er ist der älteste unter den Planetengöttern und schenkt dem Menschen in besonderem Maße die Gabe der Erinnerung, der Lebensrückschau. Er bringt aber auch die Lebenskräfte zum Erlahmen und das Feuer der Tatkraft zum Erlöschen. Dagegen erweckt er im Menschen die Fähigkeit der Tiefenschau und läßt geistige Lichtblitze in seiner Seele aufleuchten, welche ihm bis dahin verborgene Weltgeheimnisse enthüllen. Als erdenfernster unter den Planeten bildet er den Übergang zur Fixsternsphäre, der eigentlich himmlischen oder uranischen Welt, und geleitet den Menschen im Tode hinaus in die Weiten des Kosmos.

Die Zeitlängen der einzelnen Planetenperioden des menschlichen Lebens bemißt Ptolemäus, wie schon beim Jupiteralter erwähnt, nach bestimmten Rhythmen und Zyklen planetarischer Umläufe und unterscheidet sich darin von der sonst im alten Griechentum gebräuchlichen Einteilung des Lebenslaufs in Jahrsiebente (Hepdomaden), wie wir sie zum Beispiel in der berühmten Elegie des Solon über die Lebensalter oder in einer pseudohippokratischen Schrift *Über die Jahrsiebente* finden.

Sieht man aber von diesem Unterschied ab und blickt auf diese Lebensdarstellung im Ganzen und Grundsätzlichen hin, so kann man sich dem Eindruck des Großartigen, das in ihr gegeben ist, wohl nicht entziehen, – auch wenn man die ihr zugrunde liegenden astronomischen Vorstellungen für überwunden hält. Was die rein *physische* Beschaffenheit des Kosmos betrifft, sind sie es gewiß. Hinsichtlich der überphysischen Qualitäten der Sternenwelt vermag jedoch die heutige Astronomie keine Aussage zu machen, weil ihre Methoden sich bloß auf die quantitativen und die physikalisch-chemischen Verhältnisse des Kosmos beziehen. Diese bilden aber nur einen kleinen Ausschnitt aus der Gesamtwirklichkeit der Welt – und im speziellen auch der Sternenwelt. Selbst ein maßgebender Vertreter der heutigen Physik: *Walter Heitler* (Ordinarius für theoretische Physik an der Universität Zürich) gesteht in seiner 1961 erschienenen Schrift *Der Mensch und die naturwissenschaftliche Erkenntnis,* daß unser heutiges astronomisches Bild des Universums eine bloße »Extrapolation der Physik in das Weltall« darstelle. »Diese Extrapolation hat ihre volle Berechtigung. Sie ist mathematisch und physikalisch möglich, und ihr wird durch nichts widersprochen. Es ist auch nicht anzunehmen, daß ihr je widersprochen wird, solange wir im Bereich physikalisch-astronomischer Messungen bleiben. Damit ist aber natürlich nicht bewiesen, daß dieses astronomische Bild die *ausschließliche* Wahrheit ist. Es ist gut, wenn wir uns der gemachten Annahme bewußt bleiben und mit dem Wahrheitsgehalt des astronomischen Bildes vorsichtig umgehen, sobald wir aus dem rein physikalisch-astronomischen Bereich heraustreten und weitergehende philosophische oder theologische Schlüsse ziehen ... Wenn wir kurz sagen: das astronomische Bild stellt den physikalischen Aspekt des Universums dar, so ist damit alles gesagt, was es *ist,* und die Beschränkung aufgezeigt. Es bleibt dann offen, ob es auch noch andere Aspekte geben könnte, etwa solche, die einen mehr metaphysischen Charakter tragen ... Das Universum der Pythagoräisch-Platonischen Linie der griechischen Philosophie war durchweg ›beseelt‹ und ›mit Geist begabt‹. Das Gleiche gilt für andere alte Weltphilosophien, zum Beispiel die indische, und Anschauungen dieser Art gehen in die Zeit lange vor Pythagoras zurück. Der Ursprung solcher

Anschauungen ... muß wohl auf geistigen Erfahrungen und Erlebnissen beruhen, zu denen wenigstens einzelne Menschen der alten Welt fähig waren. Außersinnliche oder mystische Erfahrungen werden in der ganzen Menschheitsgeschichte immer wieder berichtet und vieles davon ist ohne Zweifel echt.« (S. 65 f.) Diese Feststellungen Heitlers werden auch durch die Ergebnisse der jüngsten astronautischen Forschungen nicht widerlegt.

Kehren wir zu der von Ptolemäus gegebenen Lebensdarstellung zurück, so erklärt sie fürs erste in plausibler Weise das eingangs hervorgehobene Grundmerkmal des menschlichen Lebenslaufes, daß der Mensch durch sein *ganzes* Leben hindurch, auch bei abnehmenden Leibeskräften in der zweiten Lebenshälfte, in der Ausreifung seines inneren Wesens fortzuschreiten und von Altersstufe zu Altersstufe immer wieder neue, andersgeartete Fähigkeiten zu entwickeln vermag.

Zum Zweiten bringt sie in einer besondern Weise zur Anschauung, wie im Menschen die Welt sich zusammenfaßt. Indem er seinen Lebenslauf durchschreitet, kommen in den spezifischen Fähigkeiten, die er in der Aufeinanderfolge seiner Epochen entwickelt, der Reihe nach alle die Kräfte durch ihn zur Offenbarung, die in der Gesamtheit der kosmischen Sphären enthalten sind. Er ist dadurch zugleich das Organ, durch welches diese Kräfte in Erscheinung treten. Gäbe es ihn nicht, so blieben sie verborgen.

Zum Dritten kommt in dieser Darstellung eine bestimmte Auffassung davon zum Ausdruck, was der menschliche Lebenslauf – von einem speziellen Gesichtspunkt aus gesehen – überhaupt bedeutet. Er stellt sich dar als das stufenweise Hinauswachsen des Menschen aus dem Irdischen in das Kosmische. Und von daher wird verständlich, warum der Mensch mit fortschreitendem Alter zu immer umfassenderen Überblikken über das irdisch-menschliche Dasein sich zu erheben vermag, zugleich aber, namentlich im höchsten Alter, das Irdische ihm immer kleiner und wesenloser erscheint und seine Interessen sich mehr und mehr dem Ewigen zuwenden. Es ist auch hier nicht anders als bei einer physischen Erhebung in große Höhen, zum Beispiel bei der Besteigung eines hohen Berggipfels: die Einzelheiten der Tiefe verschwinden, weite Überblicke eröffnen sich, und man fühlt sich in solcher gleichsam überirdischen Höhe vom Atem der Ewigkeit umweht. Ihre volle Bedeutung aber enthüllt diese Auffassung erst, wenn man zugleich berücksichtigt, daß in alten Zeiten – im Orient ganz allgemein, aber auch, wie Plato zeigt, bis tief ins Griechentum hinein – die Anschauung geherrscht hat von der Präexistenz der menschlichen Seele in einer geistig-kosmischen Welt, aus der heruntersteigend sie durch die Geburt das Erdendasein betritt. Kaum aber hat sie den Boden des Irdischen berührt, so beginnt sie alsbald ihren Rückweg in die Weiten des Kosmos, zunächst, während ihres Erdenlebens gewissermaßen noch im Bilde, um ihn dann nach dem Tode, frei von den Fesseln der leiblichen Hülle, in voller Wirklichkeit anzutreten. Für jene Zeiten war eben der Mensch – als der Mikrokosmos, den sie in ihm sahen – im Ganzen noch mehr ein Himmelswesen als ein Erdengeschöpf.

Die geschilderte Auffassung des Lebenslaufes, die sich aus dieser Menschenanschauung ergab, bestimmte auch das ganze *Lebensverhalten*. Der Mensch hielt sich nicht – wie dies heute so vielfach der Fall ist – mit 20 Jahren schon für fertig und zu allem tauglich. Er war sich vielmehr bewußt, daß von Jahrzehnt zu Jahrzehnt immer neue Kräfte in seiner Seele zutagetreten werden, und daß besonders die Fähigkeiten, größere Lebenszusammenhänge zu überschauen, durch die er einer Menschengemeinschaft ratend oder leitend vorzustehen vermag, erst im höheren Alter reifen. Es wäre daher für jene Zeiten undenkbar gewesen, Menschen in jüngeren Jahren schon leitende Stellungen, Regierungsämter und dergleichen anzuvertrauen. Diese waren vielmehr ausschließlich denen vorbehalten, die mindestens schon bis zur Jupiterepoche ihres Lebens vorgerückt waren, – wie noch die »Greisenversammlungen« der spartanischen »Gerusia« oder des römischen »Senates« beweisen.

Ferner aber wußte man, daß die Erlangung von Einblicken in bestimmte tiefere Geheimnisse des Welten- und Menschendaseins sogar an das höchste, saturnische Lebensalter gebunden ist. Man war sich darüber klar, daß man diese durch nichts erzwingen könne, sondern schlechterdings abwarten müsse, bis man das entsprechende Alter erreicht habe. Und man hatte eine feine Empfindung dafür, daß alles Nachdenken, alles Spekulieren und Spintisieren auf diesem Gebiete zu nichts führe, solange nicht die hierfür erforderliche innere geistige Erfahrung vorliege. Daher spielte das verstandesmäßige Nachdenken über die tieferen Rätsel der Welt im alten Orient noch keine große Rolle. An seiner Stelle kannte und gebrauchte man damals noch ein anderes Mittel, um in einem Alter, in welchem man durch eigene innere Erfahrung oder Erleuchtung noch nicht dazu kommen konnte, ein Wissen um bestimmte Weltgeheimnisse zu erlangen. Dieses Mittel bestand darin, sich dieses Wissen von denen *mitteilen* zu lassen, die das für seine Erlangung notwendige Alter erreicht hatten.[2] Diese Art von Mitteilungen bildete namentlich im alten Indien eine selbständige, spezifische *Erkenntnisquelle* neben Wahrnehmen, Denken und »Überlieferung« im gewöhnlichen Sinne des Wortes. Sie spielte dort, neben den genannten anderen Erkenntnisquellen, eine ähnliche Rolle wie in der modernen Naturwissenschaft – allerdings nach der entgegengesetzten Richtung hin – etwa das *Experiment.* Wie man durch dieses nach der sinnlichen Seite hin die Erfahrungsmöglichkeiten über das bloß anschauende Beobachten der Natur hinaus erweitert hat, so bedeutete damals nach der geistigen Seite hin über das bloße Denken hinaus das Empfangen entsprechender Mitteilungen von seiten alter Menschen eine Erweiterung der Erfahrungsmöglichkeiten.

Die naturgemäße Folge aller dieser Verhältnisse bildete eine Hochschätzung und *Verehrung des Alters,* von der man sich heute kaum mehr eine Vorstellung machen kann. Diese Verehrung wurzelte in dem Wissen, daß das Alter gewisse Dinge weiß und kann, welche der Jugend noch nicht erreichbar sind. Man lebte daher auch mit einer gewissen freudigen Erwartung dem Alter entgegen. Denn gerade diejenigen Erkenntnisse, die dem Menschen erst die reiferen Jahre brachten: Einblicke in gewisse Verhältnisse und Kräftewirkungen des außerirdischen Kosmos, waren damals zugleich die am meisten geschätzten.

Nun machten aber auch die damaligen Verhältnisse keine Ausnahme von der Regel, daß ein jedes Ding in der Welt *zwei Seiten* hat. Ihre eine Seite bestand darin, daß den Menschen mit vorrückendem Alter schrittweise bestimmte Fähigkeiten zuwuchsen, – ihre andere aber darin, daß in annähernd *gleicher* Weise *jedermann* in den Besitz dieser Fähigkeiten gelangte, der die entsprechenden Altersstufen erreichte. Die Menschen überhaupt, und namentlich die im selben Lebensalter stehenden, waren einander damals unvergleichlich *viel ähnlicher* als heute. Die einzelne Persönlichkeit als solche und die Unterschiede zwischen den Persönlichkeiten spielten noch kaum irgend eine Rolle. Man konnte in einer bestimmten Funktion den

---

[2] Siehe hierzu die Darstellung im »Pädagogischen Jugendkurs« von Rudolf Steiner, 7. Vortrag.

einen Menschen ohne weiteres durch einen anderen ersetzen. Und dieser *unpersönliche* Charakter bildet – von einer andern Seite her gesehen – wieder ein Grundmerkmal der altorientalischen Kultur. Das meiste von dem, was sie an geschichtlichen Leistungen hervorgebracht hat: Weisheitslehren, Kunstschöpfungen, soziale Institutionen, ist anonymen Ursprungs.

Was die Menschen in alten Zeiten unterschied, waren also nicht die persönlichen Eigenschaften, sondern die Altersstufen. Diesen kam damals eine viel größere Bedeutung zu als später. Aber indem sie die Verschiedenaltrigen stärker voneinander trennten, vereinigten sie zugleich stärker die Gleichaltrigen das heißt diejenigen, die derselben Planetenherrschaft unterstanden. Diese innere Verbundenheit der in derselben Lebensphase Stehenden schuf sich bei manchen Völkern einen Ausdruck in einem auch äußeren, organisierten Zusammenschluß derselben. *H. Schurtz* hat in seiner Schrift *Altersklassen und Männerbünde* (1902) dargestellt, wie zum Beispiel bei den Galla und Massai, zwei kriegerischen Hirtenvölkern Ostafrikas, bis in unsere Zeit herein eine durchgebildete Stammesorganisation sich erhalten hat, welche die gesamte männliche Bevölkerung in »Altersklassen« zusammenfaßt, innerhalb deren der Einzelne im Laufe seines Lebens von Stufe zu Stufe vorrückt. Die wechselnden Einwirkungen des Himmels, der »großen Welt«, waren eben dasjenige, was in alten Zeiten dem Leben des Menschen, der »kleinen Welt«, den Stempel aufdrückte. Man blickte noch viel weniger auf die Persönlichkeit hin, die durch das ganze Leben hindurch dieselbe bleibt, als auf die Einflüsse der Gestirne, die von Lebensalter zu Lebensalter wechseln. Nicht die Individualität, die der Mensch selbst ist, galt, sondern der Geist des Planeten, der ihn in einem bestimmten Lebensalter regiert. Darum wurde der Übertritt von einem Planetenalter zum andern jeweils durch entsprechende religiöse Kultfeiern begangen. Und diese Kulte bildeten sogar den wichtigsten Teil des *religiösen Lebens,* soweit es sich auf den einzelnden Menschen als solchen bezog. Sie schlossen gleichsam in besonderer Weise die Seele den Einflüssen der planetarischen Sphäre auf, in deren Herrschaft sie einzutreten sich anschickte, und trugen dadurch ein wesentliches dazu bei, daß der Mensch von Altersstufe zu Altersstufe, je nach den planetarischen Herrschaften, denen er in ihrer Folge unterstand, immer wieder ein *anderer* wurde. Diese Veränderungen empfand man in alten Zeiten so stark, daß zum Beispiel bei gewissen Eingeborenenstämmen Nord- und Südamerikas, auch bei Negern und Polynesiern noch bis in neuere Zeiten im Zusammenhang mit den erwähnten Kultfeiern der Mensch mehreremale im Laufe seines Lebens den Namen wechselte. In christlicher Umgestaltung haben sich die mit den verschiedenen Lebensaltern verknüpften kultischen Weihen bis auf den heutigen Tag in den 7 *Sakramenten* erhalten: Taufe, Firmung, Buße, Altarsakrament, Ehe, Priesterweihe, Letzte Ölung, die ja auch das ganze Leben begleiten und nicht nur durch ihre Siebenzahl, sondern auch durch ihre spezifischen Charaktere noch deutlich die Siebenheit der planetarischen Sphären hindurchschimmern lassen.[3]

Wenn nun auch im allgemeinen die spezifischen Fähigkeiten der verschiedenen Lebensalter bei allen Menschen in annähernd gleicher Weise in Erscheinung traten, so gab es dennoch ein Mittel, die Erwerbung dieser Fähigkeiten zu differenzieren. Allerdings führte auch dieses nicht zu einer individuellen, sondern nur zu einer gruppenweisen Verschiedenheit. Dieses Mittel bestand in der Gliederung der Bevölkerung in verschiedene streng voneinander geschiedene Blutszusammenhänge, wie sie die *Kasten* darstellten, in die ja die Bevölkerung im alten Orient überall geschichtet war. Die Bezeichnung »Kaste« (vom lat. castus = rein) deutet noch auf dieses Prinzip der Reinerhaltung des Blutes, das dieser Sonderung in verschiedene Bevölkerungsklassen zugrunde lag. Im alten Indien hat diese Kastenordnung bekanntlich ihre extremste Ausgestaltung erlangt. Und das indische Wort für »Kaste« (Varna), das von der Hautfarbe hergenommen ist, weist ebenfalls auf diesen Ursprung hin, in der Art, wie er speziell in Indien für das Kastensystem festzustellen ist.

Als von Nordwesten her die indo-arischen Stämme in das Indus- und Gangestal eindrangen, stießen sie auf eine noch auf niedrigerer Kulturstufe stehengebliebene dunkelhäutige Bevölkerung. Diese wurde nach der Eroberung des Landes nicht vertrieben oder ausgerottet, sondern unterworfen und zu einer dienenden Klasse herabgedrückt. Diejenigen Teile des Herrenvolkes, die sich später in stärkerem oder schwächerem Maße mit der Urbevölkerung vermischten, wurden zu den nächsthöheren Kasten. Und aus jenen Teilen der neueingewanderten Stämme, die ihr Blut rein erhalten hatten, gingen die höchsten

---

[3] Siehe zu dieser Darstellung auch Franz Boll, a. a. O.

Kasten: die Krieger beziehungsweise der Adel und vor allem die Priester, die Brahmanen, hervor. Für sie galt auch weiterhin das Prinzip der Blutsreinheit als strenges Gebot. Durch die jahrhundertelange Züchtung von solchen in sich abgeschlossenen Blutsverbänden, in Verbindung mit dem von diesen gepflegten geistig-religiösen Leben, wurde in deren Angehörigen eine besondere Sensibilität für die kosmisch-planetarischen Einflüsse kultiviert, – während dagegen in den unteren Klassen infolge ihrer Blutsvermischung diese Empfänglichkeit mehr und mehr dahinschwand. Jene gesteigerte Durchlässigkeit für die außerirdischen Einwirkungen bei den höheren Kasten aber zeigte sich in folgender Weise:

Man faßte in jenen Zeiten die Siebenheit der planetarischen Sphären gemäß den inneren Erfahrungen, die man mit ihren Wirkungen machte, in zwei Gruppen zusammen. Die erste bildeten die drei inneren »Planeten«: Mond, Merkur und Venus. Man konnte sie in einem erweiterten Sinne auch die *Mondenwelt* nennen; denn die Erfahrung lehrte, daß die Mondenwirkungen beim Übergang zur Merkur- und Venussphäre im Laufe des Heranwachsens noch nicht sogleich aufhören, sondern sich gewissermaßen nur nach dem Merkur- und Venusartigen hin nuancieren. In analogem Sinne bildete die Sonne mit den drei äußeren Planeten: Mars, Jupiter und Saturn eine zusammengehörige Welt, die auch als die der *Sonne* in erweiterter Bedeutung bezeichnet werden konnte. Denn wiederum machte man die Erfahrung, daß man, wenn man auch in das Mars-, Jupiter- und Saturnalter vorgerückt war, den geistigen Herrschaftsbereich der Sonne nicht verlassen hatte, sondern dessen Wirkungen sich nur durch diejenigen der äußeren Planeten modifizierten. Demgemäß durchschritt man im Laufe des Lebens zwei hauptsächliche kosmische Wirkungssphären, – eine erste, die noch eine gewisse Verwandtschaft mit den irdischen Kräften zeigte, und eine zweite, die entschieden über das Irdische in das eigentlich Kosmische hinausführte. Und der wichtigste Übergang, den man im Leben zu passieren hatte, erfolgte in den Jahren gegen die Lebensmitte zu. Dieser Übergang von der Monden- in die Sonnenwelt wurde nun von den Angehörigen der höheren Kasten im alten Indien als ein Ruck von solcher Stärke in der Verwandlung ihres seelischen Lebens erlebt, daß sie sich wie neue, gänzlich veränderte Menschen, ja wie zum zweitenmal geboren empfanden. Und davon schreibt sich der Name her, der für die Angehörigen der oberen Kasten im alten

Indien ein allgemein gebräuchlicher war: der Name der *Zwei-malgeborenen*.[4]

Durch die leibliche Geburt am Beginne des Lebens, die im Zeichen des Mondes erfolgte, wurden sie in das Erdendasein und in eine bestimmte Vererbungsströmung hineingestellt. Durch die zweite, geistige Geburt, die in der Lebensmitte im Zeichen der Sonne sich vollzog, wurden sie aus den Kräften der Erde und der leiblichen Vererbung gleichsam herausgehoben und in eine rein kosmische Welt entrückt. Man darf sich nun aber nicht vorstellen, daß dadurch ihre individuelle Persönlichkeit in besonderer Weise entbunden worden wäre. Im Gegenteil: die Gewalt der kosmischen Wirkungen, die nun in ihre Seelen sich ergossen, war eine so mächtige, daß ihre Persönlichkeit jetzt vollends wie ausgelöscht erschien und nur mehr der Gott beziehungsweise die Götter durch sie sprachen. Davon rührt es her, daß die Brahmanen in Indien seit alten Zeiten wie auf Erden wandelnde Gottheiten verehrt wurden. Hinzu kommt, daß ihr Leben von Kind auf durch eine Unzahl von Verhaltensvorschriften bis in die nebensächlichste Verrichtung hinein geregelt war, so daß die Regung eines persönlichen Willens überhaupt nicht aufkommen konnte. Wie denn im Orient überhaupt – ein Ähnliches sehen wir ja auch in der chinesischen Morallehre – die Enthaltung von allem eigensüchtigen Begehren, allem selbstischen Wollen und das Sichleermachen der Seele, auf daß das Göttliche sie durchdringen könne, als der Weg zur moralischen Vollkommenheit gelehrt wurde. Im Gegensatz zu den Brahmanen machte sich bei den Angehörigen der unteren Kasten viel mehr an persönlichen Interessen und Ambitionen, allerdings in einer niedrigeren Lebenssphäre, geltend.

Viele von den charakteristischen Grundzügen der altorientalischen Kultur haben sich in abgeschwächter und veränderter Form bis weit auch in die europäische Geschichte herauf erhalten und treten uns namentlich im christlichen Mittelalter in entsprechend abgewandelter Gestalt wieder entgegen. Dennoch ist ihnen gegenüber bereits mit dem Aufgang des alten Griechentums ein entscheidend Neues entstanden, das der abendländischen Kultur erst ihr besonderes Gepräge verliehen hat.

Dieses Neue kündigte sich wenigstens noch wie in einer Andeutung auch in der Spätzeit der altorientalischen Kultur an,

---

[4] Siehe auch die Darstellung dieser Verhältnisse in den Vorträgen »Das Osterfest, ein Stück Mysteriengeschichte« von Rudolf Steiner.

wenn wir bei Buddha, dem Zeitgenossen der griechischen Perserkriege, Empfindungen gegenüber dem Alter auftreten sehen, die der älteren orientalischen Menschheit gewiß noch fremd gewesen waren. Wir brauchen uns nur der Erzählung zu erinnern, die von den ersten Ausfahrten des jungen Prinzen Siddharta aus dem väterlichen Königspalast berichtet. Was der Anblick der Krankheit, des Alters und des Todes, der ihm da zuteil wurde, in seiner Seele auslöste, war nur das überwältigende Erlebnis des *Leidens* als des Grundzuges des menschlichen Daseins. Dennoch hat auch er am Ende seines dritten Lebensjahrzehntes in der »Erleuchtung«, die ihn da überkam und ihn erst zum »Buddha« werden ließ, noch etwas wie eine zweite, geistige Geburt erlebt und durch ein langes Leben hindurch bis ins höchste Greisenalter mit unverminderter Macht seines lehrenden Wortes gewirkt.

Am reinsten unter den Kulturvölkern des Orients hat die ursprünglichen Empfindungen gegenüber dem menschlichen Lebenslauf und zumal das einstige Verhältnis zum Alter das Chinesentum durch die Jahrtausende seiner Geschichte hindurch bewahrt, und so möge denn dieses Kapitel die Schilderung eines zeitgenössischen chinesischen Schriftstellers, *Lin Yutang* beschließen, die uns den ganzen Gegensatz empfinden lassen kann zwischen dem, was dort als ein Uraltes sich erhalten hat, und dem, was spätere Zeiten, namentlich im Abendland, an Wandlungen mit sich gebracht haben. »Ich habe mich häufig bemüht, die westliche und östliche Lebenseinstellung miteinander zu vergleichen und in ihrer Gegensätzlichkeit zu erfassen, aber ich habe keine durchgehenden Unterschiede gefunden, außer in der Einstellung zu den alten Leuten, wo der Unterschied allerdings unverkennbar ist und wo es keine Übergänge gibt. Ein Gefühl für die entgegenkommende, schonungsvolle Behandlung des Alters findet sich im chinesischen Volksbewußtsein schon in den allerfrühesten Zeiten. Es ist ein Gefühl, das sich eigentlich nur mit der Ritterlichkeit, dem in Europa selbstverständlichen zarten Entgegenkommen gegen die Frau, vergleichen läßt. In der Einstellung zum alten Mann aber ist der Gegensatz unüberbrückbar, und Osten und Westen nehmen gänzlich verschiedene Standpunkte ein. Am deutlichsten wird das, wenn es sich darum handelt, jemanden nach seinem Alter zu fragen oder selbst zu sagen, wie alt man ist. In China kommt, wenn man einen offiziellen Besuch macht, gleich nach der Frage nach Namen und Familiennamen die weitere Frage:

»Und welches ist Ihr ruhmreiches Alter?« Muß der Gefragte zögernd gestehen, er sei dreiundzwanzig, er sei achtundzwanzig, so tröstet ihn der andre mit der Bemerkung, da habe er ja noch eine ruhmreiche Zukunft vor sich, und eines Tages werde er gewiß alt werden; kann aber der Befragte antworten, er sei fünfunddreißig oder achtunddreißig, so ruft der andre sofort im Tone hoher Achtung: »Großes Glück!« Die Begeisterung wächst, je höher das Alter ist, das der Befragte zu nennen hat, und ist er gar über die Fünfzig hinaus, so senkt der Fragende sogleich voll Demut und Achtung seine Stimme. Darum müßten eigentlich alle alten Menschen, die es sich leisten können, nach China ziehen, wo man selbst den weißbärtigen Bettler mit ausgemachter Liebenswürdigkeit behandelt. Leute in mittleren Jahren warten meist begierig auf den Tag, an dem sie fünfzig werden, und bei erfolgreichen Kaufleuten und Beamten hat man es schon erlebt, daß sie bereits ihren vierzigsten Geburtstag mit gewaltigem Pomp feierten. Der fünfzigste Geburtstag aber, die Wegmarke des halben Jahrhunderts, ist in allen Bevölkerungsschichten ein Anlaß zu lauter Freude. Der sechzigste übertrifft den fünfzigsten an Herrlichkeit, der siebzigste den sechzigsten, und wer seinen achtzigsten Geburtstag feiern kann, der gilt als ein ganz besonderes Glückskind des Himmels.«[5]

[5] Zitiert aus: A. L. Vischer: *Das Alter als Schicksal und Erfüllung.* Basel 1942, S. 146f.

3. Lebenslauf und intellektuelle Entwicklung

Es könnte als ein Widerspruch erscheinen, wenn wir im vorangehenden Kapitel ein literarisches Dokument aus dem Griechentum, ja sogar aus dessen Spätzeit, als Hinweis auf eine Auffassung vom menschlichen Lebenslauf anführten, die in alten Zeiten, namentlich in den altorientalischen Kulturen, geherrscht habe, – und am Schlusse des Kapitels darauf hindeuteten, daß gerade die griechische Kultur eine entscheidende Wandlung in dieser Auffassung gebracht habe. Dieser Widerspruch löst sich auf, wenn man berücksichtigt, daß ja überall in der Menschheitsgeschichte, wo ein Neues auf irgend einem Gebiete auftritt, das Alte, bisher Herrschendgewesene, durch dieses Neue nicht sogleich zum Verschwinden gebracht wird, sondern neben ihm noch eine Zeitlang – oftmals sogar noch sehr lange –, wenn auch allmählich absterbend, einhergeht. In diesem Sinne haben wir es bei der im Vorangehenden wiedergegebenen Darstellung des *Ptolemäus* nicht mit einer für die damalige Zeit *neuen* Erkenntniserrungenschaft zu tun, sondern mit der literarischen Fixierung von Anschauungen, die auf viel ältere Zeiten zurückgehen und einen Bestandteil insbesondere auch der altägyptischen Tempelweisheit bildeten, deren damals allmählich in die Öffentlichkeit dringende Überlieferungen dem in Alexandria lebenden *Ptolemäus* wohlbekannt waren.[6] Bildet es doch ein Grundmerkmal des damals in Alexandria blühenden hellenistischen Geisteslebens, daß es das geistige Erbe des Griechentums mit demjenigen des Orients zu einer umfassenden Synthese verschmolz! Ja, man darf vielleicht sogar annehmen, daß in diesem Falle ein Ähnliches vorliegt, wie wir es auch sonst an vielen Punkten der Menschheitsgeschichte finden: daß die schriftliche Fixierung altüberlieferten Geistesgutes gerade dann erfolgt, wenn es im Begriffe ist, unterzugehen, – und eben zu dem Zwecke erfolgt, um es vor dem Versinken in die Vergessenheit zu retten. Von der Darstellung des menschlichen Lebenslaufs und seiner Beziehung zu den Plane-

---

[6] Siehe hierzu Franz Boll, a. a. O.

tensphären, wie sie Ptolemäus gegeben hat, darf jedenfalls behauptet werden, daß ihr Inhalt zur Zeit ihrer Abfassung nicht mehr voll der Wirklichkeit entsprach, sondern von dieser bereits überholt war.

Denn in Wahrheit brachte die griechische Kultur in bezug auf die den menschlichen Lebenslauf gestaltenden Kräfte ganz neue Verhältnisse herauf. Neben diesen neuen Realitäten erhielt sich jedoch, allerdings mehr und mehr nur im Elemente der literarischen Überlieferung, die Erinnerung daran, wie es ehemals gewesen war. Und zusammen mit der Herrschaft des ptolemäischen Weltsystems überhaupt wurde auch die ptolemäische Darstellung von den Beziehungen zwischen Lebensaltern und Planetensphären noch durch das ganze Mittelalter hindurch tradiert. Es sind uns aus dieser Zeit noch eine Reihe von auf Ptolemäus fußenden teils literarischen, teils bildlichen Darstellungen dieser Beziehungen erhalten. Ja, sogar bis in die Zeit hinein, in der das ptolemäische Weltsystem bereits durch das kopernikanische abgelöst war, setzt sich die Überlieferung von den 7 Lebensaltern und ihrem Zusammenhang mit den Planeten fort. Hier ist vor allem die bekannte Stelle aus *Shakespeares* »Wie es Euch gefällt« (II. Akt, 7. Szene) zu nennen, in welcher, allerdings ohne Nennung der Planeten, die 7 Lebensalter des Menschen so charakterisiert sind, daß der Zusammenhang mit jenen noch deutlich zu bemerken ist. Wir wundern uns nicht, daß der Schauspieler und Bühnendichter die Lebensalter als die 7 Akte des Lebensschauspiels auffaßt und sie mit einem derben Humor in den ihm eigenen vollsaftigen Bildern malt. (Hierbei erscheinen das Mars- und das Sonnenalter verwechselt.)

Die ganze Welt ist Bühne
Und alle Fraun und Männer bloße Spieler.
Sie treten auf und gehen wieder ab,
Sein Leben lang spielt einer manche Rollen
Durch sieben Akte hin. Zuerst das Kind,
Das in der Wärtrin Armen greint und sprudelt;
Der weinerliche Bube, der mit Bündel
Und glattem Morgenantlitz wie die Schnecke
Ungern zur Schule kriecht; dann der Verliebte,
Der wie ein Ofen seufzt, mit Jammerlied
Auf seiner Liebsten Brau'n; dann der Soldat,
Voll toller Flüch' und wie ein Pardel bärtig,
Auf Ehre eifersüchtig, schnell zu Händeln,

Bis in die Mündung der Kanone suchend
Die Seifenblase Ruhm. Und dann der Richter
Im runden Bauche, mit Kapaun gestopft,
Mit strengem Blick und regelrechtem Bart,
Voll weiser Sprüch' und Allerwelts-Sentenzen,
Spielt seine Rolle so. Das sechste Alter
Macht den besockten, hagern Pantalon,
Brill' auf der Nase, Beutel an der Seite;
Die jugendliche Hose, wohl geschont
'Ne Welt zu weit für die verschrumpften Lenden;
Die tiefe Männerstimme, umgewandelt
Zum kindischen Diskante, pfeift und quäkt
In seinem Ton. Der letzte Akt, mit dem
Die seltsam wechselnde Geschichte schließt,
Ist zweite Kindheit, gänzliches Vergessen,
Ohn' Augen, ohne Zahn, Geschmack und alles.

Ja, selbst im 19. Jahrhundert finden wir noch bei *Schopenhauer,*
obwohl für ihn die Astrologie eine längst abgetane Sache ist, am
Schlusse seiner Abhandlung »Vom Unterschiede der Lebensalter« einen Hinweis auf die Beziehungen zwischen Lebensaltern
und Planeten, wobei er diese allerdings im Sinne des koperni-
kanischen Systems zuordnet. Gerade diese Bemerkungen Scho-
penhauers aber zeigen deutlich, wie solche Zuordnungen in
seiner Zeit längst zu einem bloßen Gedankenspiel geworden
waren. »Zwar ist nicht, wie die Astrologie es wollte, der Lebenslauf der Einzelnen in den Planeten vorgezeichnet; wohl
aber der Lebenslauf des Menschen überhaupt, sofern jedem
Alter desselben ein Planet, der Reihenfolge nach, entspricht
und sein Leben demnach sukzessive von allen Planeten beherrscht wird. – Im 10. Lebensjahre regiert Merkur. Wie dieser
bewegt der Mensch sich schnell und leicht, im engsten Kreise;
er ist durch Kleinigkeiten umzustimmen, aber er lernt viel und
leicht, unter der Herrschaft des Gottes der Schlauheit und der
Beredsamkeit. – Mit dem 20. Jahre tritt die Herrschaft der Venus ein: Liebe und Weiber haben ihn ganz im Besitze. Im 30.
Lebensjahre herrscht Mars: der Mensch ist jetzt heftig, stark,
kühn, kriegerisch, trotzig. – Im 40. regieren die 4 Planetoiden:
sein Leben geht demnach in die Breite: er ist frugi, das heißt
frönt dem Nützlichen, kraft der Ceres: er hat seinen eigenen
Herd, kraft der Vesta: er hat gelernt, was er zu wissen braucht,
kraft der Pallas: und als Juno regiert die Herrin des Hauses,

seine Gattin. – Im 50. Jahre aber herrscht Jupiter. Schon hat der Mensch die meisten überlebt, und dem jetzigen Geschlechte fühlt er sich überlegen. Noch im vollen Genuß seiner Kraft, ist er reich an Erfahrung und Kenntnis; er hat Autorität über alle, die ihn umgeben. Er will demnach sich nicht mehr befehlen lassen, sondern selbst befehlen. Zum Lenker und Herrscher, in seiner Sphäre, ist er jetzt am geeignetsten. So kulminiert Jupiter und mit ihm der Fünfzigjährige. – Dann aber folgt, im 60. Jahr, Saturn und mit ihm die Schwere, Langsamkeit und Zähigkeit des Bleies ... Zuletzt kommt Uranus: da geht man, wie es heißt in den Himmel ...«

Kehren wir nun aber zum Griechentum zurück, so liegt die Wurzel der Umgestaltung, welche in ihm der menschliche Lebenslauf erfährt, in der *intellektuellen Entwicklung,* wie sie mit dem Aufgang der griechischen Kultur einsetzt. Das Geistesleben des vorgriechischen Orients trug noch ganz unintellektuellen Charakter. Die Weisheit des Morgenlandes war eine instinktive. Sie erwuchs in der menschlichen Seele als eine Gabe der Natur, des Kosmos. Und sie kleidete sich in die Sinnbilder des Mythos. In Griechenland wandelt sich das mythische Vorstellen in das begriffliche Denken um. Gewiß findet ein ähnlicher Vorgang um dieselbe Zeit auch in Indien und China statt. Aber er ist dort bei weitem nicht ein so durchgreifender wie in Griechenland. In jenen östlichen Ländern reift das begriffliche Denken als letzte Frucht am Baume uralter Kulturen. Es prägt diesen keinen neuen Charakter mehr auf, sondern erwächst auf dem Untergrunde eines mythischen Vorstellens, in welchem die breiten Massen der Bevölkerung stecken bleiben. In Griechenland durchläuft diesen Prozeß ein jugendliches Volk im Aufgang seiner kulturellen Entfaltung. Es findet eine vollkommene Umwandlung des Seelenlebens statt, die das begriffliche Denken zur maßgebenden, die ganze Kulturgestaltung bestimmenden Seelenkraft werden läßt. Wir können diese Umwandlung in der vorsokratischen Epoche des griechischen Geisteslebens Schritt für Schritt verfolgen. Sie läßt die Anfänge der Philosophie und der Naturwissenschaft entstehen. Und auf dem Höhepunkt dieser ganzen Entwicklung bringt schließlich Aristoteles in seiner Logik die Gesetze des Denkens zur Darstellung. Zufolge all dessen treten an die Stelle der Weisheit als höchstgeschätzter menschlicher Fähigkeit in Griechenland die Gescheitheit, die Klugheit, der Scharfsinn, die Schlauheit. Als Repräsentant dieser neuen Seelenkräfte erscheint schon in der griechischen Sagenwelt Odysseus, der vielgewandte, listenreiche, – der Schützling der Göttin Athene. Wenn diese auch als die Göttin der »Weisheit« verehrt wird, so deutet auf den Charakter dessen, was jetzt unter diesem Worte verstanden wird, doch der Zug der Sage hin, daß sie aus dem *Haupte* des Zeus entsprungen sei. (Die ältere Weisheit war nicht eine kopfmäßige, sondern eine ganzmenschliche gewesen.) Odysseus ist es, der durch den Bau des hölzernen Pferdes die Trojaner überlistet und ihrer Stadt den Untergang bringt. Das Pferd ist in der Bildersprache des Mythos immer das Symbol der Klugheit, des Verstandes. Der tiefere Sinn der Erzählung vom Untergang Trojas durch das hölzerne Pferd liegt in der Überwindung der instinktiven Weisheit des Orients durch die neuen intellektuellen Fähigkeiten des Griechentums.

Diese Fähigkeiten aber sind nicht mehr im selben Sinne eine Naturgabe wie die Weisheit des Morgenlandes. Sie können nur durch *Übung,* durch Schulung erworben werden. Darum mußte früher oder später ein solches Schulungsbuch des Denkens wie die Aristotelische Logik entstehen. Der Intellekt entfaltet sich als des Menschen eigene Errungenschaft. Darum befreit sich der Mensch durch ihn von seiner früheren kosmischen Abhängigkeit. Zwar geschieht dies nicht mit einem Schlag. Es macht vielmehr gerade die Eigentümlichkeit des griechischen Denkens – im Unterschied vom modernen – aus, daß es den Menschen geistig noch mit dem Kosmos verband, nur eben nicht mehr in so differenzierter Weise mit dessen einzelnen Sphären, wie dies die ältere Seelenart des Orients getan hatte. Allerdings hat dann bezeichnenderweise gerade innerhalb des alexandrinisch-hellenistischen Geisteslebens die Gesamtheit der intellektuellen Bildung jene Gliederung in die »Sieben freien Künste« erfahren, in welcher noch einmal ein *differenzierter* Bezug derselben zu der Siebenheit der planetarischen Sphären in Erscheinung getreten ist. Wurden doch die einzelnen dieser Künste: Grammatik, Rhetorik, Dialektik, Arithmetik, Geometrie, Musik, Astronomie mit den sieben Planeten in Verbindung gebracht. Andererseits beweist gerade ihre Bezeichnung als »Künste«, wie sehr man die Betätigung der Intellektualität auf den verschiedenen Gebieten des geistigen Lebens als ein durch Übung zu erwerbendes *Können* betrachtete. Und als ein solches sind sie denn auch durch das ganze Mittelalter hindurch, während dessen sie ja den wesentlichen Inhalt aller intellektuellen Bildung ausmachten, vornehmlich gepflegt worden. Für die

Griechen waren Begriffe und Ideen noch ein Bestandteil der Welt selbst, sei es, daß sie – wie von Plato – als die Urbilder der Sinnendinge oder – wie von Aristoteles – als das Form-Element *in* den Dingen aufgefaßt wurden. Und das Denken bedeutete nur das Organ für ihre Wahrnehmung. Erst im Ausgang der griechischen Philosophie (zur Zeit der Skeptiker und Stoiker) verblaßte dieser kosmische Charakter der Begriffswelt und fühlte sich der Mensch im Denken ganz isoliert und auf sich gestellt. Dafür lebte jetzt zuerst das Freiheitsideal in der menschlichen Seele auf.

Damit kam aber nur zur vollen Reife, was durch die ganze griechische Geistesgeschichte hindurch in Entwicklung begriffen war. Es sei hier nur daran erinnert, wie Sokrates seine philosophische Lehrtätigkeit als einen geistigen Hebammendienst auffaßte und betätigte, durch den der Geburt der Begriffe aus dem selbständigen Denken seiner Schüler heraus Hilfe geleistet werden sollte. Auf die geistige Verselbständigung der Heranwachsenden war auch das ganze Erziehungswesen des Griechentums angelegt – im Unterschied zu demjenigen des alten Orients (Chinas, Indiens, Ägyptens), das noch unter strengster Lehrautorität der Erzieher vornehmlich die Schulung des Gedächtnisses und die Einfügung der Zöglinge in eine in starren Formen sich forterhaltende geistige Tradition zum Ziele gehabt hatte. Neben der denkerischen Schulung bildeten die wichtigsten Bestandteile der Erziehung im alten Griechenland freilich noch die Gymnastik und die Pflege von Sprache und Poesie. Daß die körperlichen Kräfte als einer systematischen Ausbildung und Übung bedürftig betrachtet wurden, deutet darauf hin, daß die naturhaft-leiblichen Fähigkeiten im Griechentum schon nicht mehr in solcher Überfülle und Selbstverständlichkeit zur Verfügung standen wie in vorgriechischen Zeiten. Und daß außerdem die sprachliche Schulung ein Hauptstück der Erziehung ausmachte, hat darin seinen Grund, daß das Denken im Griechentum noch aufs innigste mit der Sprache verbunden war, – worauf ja auch das Wort *Logos* hinweist, das zugleich *Wort* und *Gedanke* bedeutet. Wie ein Bäumchen an einen Pfahl gebunden wird, damit es gerade in die Höhe wachse, so rankte sich gleichsam der noch junge Stamm des Denkens im Griechentum am Stabe der Sprache empor. Aus den Wort- und Satzarten hat Aristoteles in seiner Logik weitgehend die Lehre von den Begriffen (Kategorien), Urteilen und Schlüssen abgeleitet. So war die Schulung im Elemente der

Sprache zugleich eine solche im Denken, ja geradezu *der* Weg zur Ausbildung des Intellekts.

Weil das Denken durch Übung erlernt werden muß, darum brachten es die einzelnen Menschen darin zu den verschiedensten Graden des Könnens. Damit traten aber nicht nur die mannigfaltigsten persönlichen Unterschiede zwischen ihnen hervor, sondern es wurde das Denken zum eigentlichen Bildner der menschlichen *Persönlichkeit* überhaupt. Und das Hervortreten der Persönlichkeit als solcher ins Licht der Geschichte bildet ja den anderen Grundunterschied zwischen der griechischen und der vorgriechisch-orientalischen Geschichte. Während uns aus der letzteren fast nur die Namen der Könige überliefert sind, die über eine namenlose Masse von Untertanen geherrscht haben, tritt uns in der griechischen – und römischen – Geschichte ein Gewimmel von Persönlichkeiten auf allen Gebieten des Lebens entgegen, deren Namen geschichtliche Unsterblichkeit erlangt haben. Dem unpersönlichen, durch Jahrhunderte fast gleichbleibenden Stil der anonymen orientalischen Kunstwerke steht das durchaus persönliche Gepräge der Schöpfungen der großen griechischen Künstler sowohl auf dem Gebiete der Dichtkunst wie auf dem der bildenden Künste gegenüber. Und so entsteht in Griechenland und Rom (Plutarch, Nepos) zuerst auch die Lebensbeschreibung berühmter Männer. Weil es in der griechischen Erziehung letzten Endes auf die Ausbildung der Persönlichkeit ankam, darum wurde sie damals erst der einen Hälfte der Menschen: den Angehörigen des männlichen Geschlechts zuteil, – woran ja noch der Ausdruck »Pädagogik« (Knabenführung) erinnert. Denn der Mann ist mehr auf die Entfaltung und Geltendmachung des Individuell-Persönlichen hin veranlagt, während die Frau mehr die Kräfte der Gattung repräsentiert und darum auch zur Hüterin von Tradition und allgemein geltender Sitte bestimmt erscheint. Hierin liegt auch der Grund, warum die mutterrechtliche Sozialordnung der orientalischen und der Frühphasen der griechisch-römischen Kultur mit der Entfaltung der letzteren zu ihrer Reife von der vaterrechtlichen abgelöst wurde.

Für die Gestaltung des menschlichen Lebenslaufs gewinnen alle die geschilderten Verhältnisse nun dadurch ihre Bedeutung, daß sowohl der denkerische Scharfsinn, das begriffliche Unterscheidungsvermögen wie auch die mit ihm verbundene Ausprägung der Persönlichkeit ihren Gipfelpunkt in der *Lebensmitte* erreichen. (Im höheren Alter entwickelt sich mehr die Fähigkeit der Überschau über ein Ganzes, für welche die Unterschiede und Gegensätze zwischen einzelnen Teilen an Schärfe und Bedeutung verlieren. Und damit geht ein gewisses Hinauswachsen auch über die eigene Persönlichkeit Hand in Hand.) Damit aber wurde für die Griechen die Lebensmitte zum *Höhepunkt des Lebens* überhaupt. Dieses stellte sich ihnen gleichsam dar im Bilde einer Pyramide, zu deren Spitze der Mensch in der ersten Lebenshälfte hinauf-, und von der er in der zweiten wieder herabsteigt. Auf diese Spitze selbst aber – der »Akme«, wie er sie nannte – lag für den Griechen aller Glanz des Lebens. Und als das glücklichste Los erschien es ihm, auf dieser Höhe des Lebens und der Schaffenskraft, auf dem Gipfel des Ruhms – wie Achilleus oder Alexander der Große – durch den Tod hinweggenommen und davor bewahrt zu werden, den körperlichen Verfall und die Gebrechen des Alters erleiden zu müssen. Schon ein homerischer Hymnus sagt davon, daß es den Göttern verhaßt sei. Insbesondere aber die frühgriechische (jonische) Lyrik, die gerade in der Zeit des Aufstiegs der Philosophie geblüht hat, ist voll des Jammers über das Altern. Auch die griechische Plastik bildete ja mit Vorliebe jugendliche oder auf der vollen Höhe ihrer leiblichen Kräfte stehende Gestalten.

Wir sprachen davon, wie in Griechenland das Denken noch aufs innigste mit dem Sprechen verbunden war und darum die intellektuelle Schulung durch eine solche im Elemente der Sprache erfolgte. Die letztere war von dreifacher Art: sie umfaßte die Dichtkunst, die Redekunst und die Kunst des Gesprächs. In allen drei Ausgestaltungen des Wort-Elements hat das Griechentum ein Höchstes erreicht. In der Dichtkunst hat es in allen ihren Gattungen: Epik, Lyrik, Dramatik unsterbliche Meisterwerke hervorgebracht, – die Redekunst hat es zur höchsten Vollendung ausgebildet, und die Kunst des Gesprächs handhabe es mit größter Virtuosität. Man erinnere sich nur daran, wie Sokrates seine ganze, so tief eingreifende philosophische Wirksamkeit ausschließlich im Elemente des Gesprächs – auf Markt und Straßen – entfaltete; wie Plato seinen sämtlichen Schriften die Form von Gesprächen (Dialogen) gegeben hat, in welchen er für diese Darstellungsweise die vollendetsten Muster aufstellte. Das Gespräch war für die Griechen überhaupt die wesentlichste Quelle der Wahrheitsfindung. Und es hat sich als solche ja noch bis in die neuere Zeit herein behauptet.

Besonders an den mittelalterlichen Universitäten bildete die Disputation, die in den verschiedensten Zusammenhängen gepflegt wurde, eine Hauptform des wissenschaftlichen Lehrbetriebs. Am allermeisten aber darf wohl von der *altgriechischen* Kultur gesagt werden, daß sie eine im eminentesten Sinne *redende* Kultur war. Auch darin bildet sie ja den polaren Gegensatz zur altorientalischen, die man als eine solche des *Schweigens* bezeichnen kann. Es sei nur daran erinnert, in welches undurchdringliche Geheimnis die Mysterien gehüllt waren, die bei allen orientalischen Völkern bestanden hatten. Die Griechen aber haben, was ehemals als Weisheit in den Mysterien – auch in ihren eigenen – gepflegt und gehütet wurde, in ihrer Philosophie weitgehendst enthüllt. Der Unterschied zwischen ihrer redenden und der schweigenden Kultur der orientalischen Völker tritt einem aber auch entgegen, wenn man eine griechische Plastik etwa mit einer ägyptischen vergleicht. Hier die Gelöstheit und freie Bewegung der Glieder, wie sie die Sprache begleitet, – dort ihr Gefesseltsein an den Leib oder in die kultische Geste, mit einem Blick, der über alles Irdische hinaus in die Fernen der Ewigkeit gerichtet ist, und einem Lächeln, das sphinxartig alles Wissen in die Stummheit verschließt.

Im Orient gab es aber auch auf sozialem Felde nichts zu »reden«. Das Kastensystem herrschte. Innerhalb desselben ertönten von oben her lediglich Gebote, und von unten her antwortete diesen nur der schweigende Gehorsam. Eine Diskussion über Inhalt oder Berechtigung dieser Gebote wäre undenkbar gewesen. Denn Priester und Könige waren ja nur der Mund, durch den die *Götter* ihren Willen verkündigten. *Sie* waren die eigentlichen Herrscher über ihre Völker, und *ihrem* Willen gegenüber gab es von seiten der Menschen nur die stumme Unterwerfung. Die alte Kastenordnung war in diesem Sinne Theokratie (Gottesherrschaft); einen Staat im eigentlichen Sinne gab es noch nicht.

Dieser entstand weltgeschichtlich zum erstenmal in Griechenland und Rom. Von der alten Kastenschichtung blieb zuletzt im wesentlichen nurmehr die Unterscheidung von Freien und Sklaven übrig. Die Freien aber standen im Staate nicht unter-, sondern als gleichberechtigte *neben*einander. Nicht mehr so sehr die Standeszugehörigkeit als vielmehr die *Persönlichkeit* des Menschen war es, die seine Stellung innerhalb des Staates bestimmte. Denn was bildete das wesentliche Element, in welchem das Leben des Staates sich entfaltete? Wiederum die

Rede, das Gespräch, – wie sie in den Volksversammlungen und Ratskörperschaften gepflegt wurden. Aus diesen Diskussionen gingen die Entscheidungen und Beschlüsse hervor, die das politische Schicksal des Staates bestimmten. Die Macht der Rede, über die ein einzelner verfügte, – die Fähigkeit, seine Mitbürger durch Argumente zu überzeugen, bestimmte aber auch das Maß an Einfluß und Führung, welches diesem innerhalb der staatlichen Gemeinschaft zufiel. Diese Teilnahme am Leben des Staates übte auf die Menschen, namentlich wenn sie in das Alter des Erwachsenseins eingetreten waren, eine bildende, und zwar gerade die sie erst voll zum *Menschen* bildende Wirkung aus. Denn in den Wortgefechten und Redeschlachten, die in den staatlichen Körperschaften ausgefochten wurden, vermochten sie jene Kunst der Rede, jene Gewandtheit der Argumentation, jene Fähigkeit des Denkens zu erwerben, auf denen für sie die Würde des Menschen beruhte. Und diese politische Betätigung war ja in den kleinen griechischen Stadtstaaten – aber auch noch in Rom – eine viel intensivere, als sie es in unserer Zeit, bei allem Streit der Parteien, geworden ist. Denn an ihr war der Mensch nicht nur durch seine wirtschaftlichen Interessen, sondern mit seinem ganzen Menschenwesen beteiligt. Eine private Sphäre gab es ja bekanntlich in Griechenland noch nicht; der Mensch gehörte mit seinem ganzen Wesen dem Staate, – er bildete einen Bestandteil desselben. Er wurde dadurch Mensch, daß er in und mit dem Staate lebte. So konnte denn Aristoteles jene neue *Definition* des Menschen geben, in welcher der ganze Umschwung zum Ausdruck kommt, welcher sich in bezug auf die Weltstellung des Menschen im Fortgang von der orientalischen zur griechischen Kultur vollzogen hatte. Während für den Orient der Mensch der *Mikrokosmos,* das heißt Zusammenfassung und Abbild der Welt, des Makrokosmos, gewesen war, wurde er für den Griechen das *Zoon politikon:* das im Staate lebende Wesen. Ehemals war der *Kosmos* in seinen verschiedenen Kräftesphären – in der Art, wie es im vorangehenden Kapitel geschildert wurde – der *Bildner des Menschen* gewesen; jetzt ging die menschenbildende Wirksamkeit an die zum Staate sich gestaltende *menschliche Gesellschaft* über. Während jedoch für die ehemalige Auffassung der Mensch als Mikrokosmos zwar alles abbildlich in sich trug und zusammenfaßte, was urbildlich im Makrokosmos weste, aber auch nichts in sich enthielt, was nicht auch in diesem zu finden war, – ist für den Griechen das, was den Menschen zum Menschen macht: sein Leben im Staate, etwas, das *ihm ganz allein* eigentümlich und nirgends außer ihm anzutreffen ist. Denn Aristoteles betont in seiner *Politik* ausdrücklich, daß weder Götter noch Tiere in staatlicher Gemeinschaft leben, sondern einzig der Mensch, und daß dieser in einem nicht-staatlichen Zustand als Mensch gar nicht zu denken sei. So wird also in Griechenland das Menschliche zuerst als selbständiges Eigenwesen geboren.

Wie wird nun aber im Genaueren nach griechischer Auffassung der Mensch durch den Staat zum Menschen gebildet?

Die ehemals vom Kosmos dem Menschen auf naturhafte Art geschenkte Weisheit war in Griechenland versiegt.Das bedeutete aber – wie wir am Beispiel des Ptolemäus sahen – nicht, daß ihr Inhalt untergegangen wäre. Er wurde vielmehr erst mündlich, dann literarisch den nachkommenden Geschlechtern überliefert. Ja, er ging erst jetzt völlig in das Element der *Überlieferung* über. Wie jemand, der an einer Quelle sitzt, es nicht nötig hat, das Wasser in Krügen aufzubewahren, weil er es in jedem Augenblick wieder frisch aus der Quelle schöpfen kann, so hatten die »Krüge« der Überlieferung im alten Orient noch keine große Bedeutung, weil das Wasser der Weisheit damals immer wieder neu aus den »Quellen« der kosmischen Sphären geschöpft werden konnte. Die Überlieferung der Weisheit erhielt erst ihren vollen Wert, als deren Quellen aufgehört hatten zu fließen. Und zu Hütern dieser Überlieferung wurden in Griechenland besonders die altgewordenen Menschen. Sie wußten die überkommene Weisheit, vermöge ihres Altgewordenseins, am meisten zu schätzen. Und sie mußten sie um so höher einschätzen, als sie selbst sie nicht mehr in derselben Art zu produzieren vermochten. Aber gerade dadurch, daß sie etwas bewahrten, das keine lebendige Gegenwart mehr darstellte, sondern *Vergangenheit* war, wurden sie in ihrem Verhalten *konservativ*. Sie verfügten zwar über Lebenserfahrung und »altersgraue« Weisheit, vermochten aber nicht mehr genügend *Tatkraft* zu entfalten, um jenes Neue zu schaffen, das dem Leben eine *Zukunft* eröffnet. Diese Fähigkeiten besaßen dagegen die Jungen; dafür ermangelten sie der Besonnenheit und der Lebenserfahrung. Und eben wegen dieses Mangels waren sie immer bereit zu unbedachter Neuerung, ja zum Umsturz. In den Versammlungen der verschiedenen staatlichen Körperschaften aber kamen Alte und Junge zusammen und mußten miteinander reden. Da konnte sich Tatkraft mit Lebenserfahrung, Neuerungssucht mit Beharrungsvermögen ausgleichen, da konnte aber auch Unbesonnenheit durch Lebensweisheit korrigiert und die Schwerfälligkeit des Alters durch die Unternehmungslust der Jungen überwunden werden. So konnte aus dem Zusammenwirken der Alten und der Jungen doch im Ganzen das »Rechte« resultieren, – und dieses Rechte war für den Griechen gleichbedeutend mit dem *rechten Maß*, mit dem »goldenen Mittelweg«. Aber auch für jeden Einzelnen bedeutete dieses Zusammenwirken eine Harmonisierung und »Komplettierung« seines Menschentums. Und diese erreichte in ihm selbst ihren höchsten Grad, wenn er in der Lebensmitte stand. Dann war die Tatkraft der Jugend in ihm noch nicht erloschen und doch schon eine gewisse Lebenserfahrung in ihm gereift. Dann vermochte er die Erinnerung an das Vergangene in rechter Weise mit der Hoffnung auf das Künftige zu verbinden.

In dem hier geschilderten Sinne kennzeichnet Aristoteles in seiner *Rhetorik* (II, 12.–14. Kap.) die verschiedenen Phasen des menschlichen Lebenslaufs. Er unterscheidet deren drei: Jugend, Lebensmitte oder »Akme« – Lebenshöhepunkt – und Alter. Sowohl der Jugend wie dem Alter ist eine gewisse Unvollkommenheit eigen. Beide haben gleichzeitig etwas zuviel und etwas zuwenig. Die Jugend: zuviel Zukunftserwartung, zuwenig Erfahrung. Das Alter: zuviel Erinnerung, zuwenig Hoffnung und Tatkraft. Die Lebensmitte allein ermöglicht, dieses verschiedene Zuviel und Zuwenig auszugleichen. Die in ihr stehen »sind nüchtern in Verbindung mit Mut und mutig mit Nüchternheit; denn bei Jünglingen und Greisen ist das gesondert, indem die Jugend mutig und zügellos, das Alter nüchtern und furchtsam ist. Kurz: das Gute, das zwischen Jugend und Alter geteilt ist, haben sie vereinigt; und wo beide zuviel oder zuwenig haben, hat der Mann das mitten inne Liegende und Rechte« (Kap. 14). Nur in der Mitte seines Lebens vermag daher der Mensch sein Wesen in Vollkommenheit darzustellen.

Damit hängt ein Weiteres zusammen, auf das Aristoteles in seiner »Politik« zu sprechen kommt. Er unterscheidet da die drei Verfassungsformen der Monarchie, der Aristokratie und der Politie (oder Demokratie), welche letztere besonders in Athen während seiner Blütezeit zur Ausbildung gekommen ist. In der ersteren herrscht ein Einziger, in der zweiten einige Wenige, die als die Besten gelten; in der letzteren herrschen *Alle*. Wie aber ist eine Herrschaft Aller möglich? Nur dadurch, daß die Regierenden nicht – wie in der Monarchie und der Aristokratie – ihre Ämter auf Lebenszeit bekleiden, sondern nur auf befristete Dauer. Denn so können immer wieder andere – und damit grundsätzlich alle – an die Reihe kommen. Das bedeutet aber praktisch, daß die Älteren immer wieder die Plätze räumen müssen, damit die Jüngeren nachrücken können, – oder anders gesehen: im Durchschnitt immer diejenigen im Regierungsamte sind, die in der mittleren Epoche ihres Lebens – in ihrer »Akme« – stehen. Das Problem des *Generationenwechsels* tritt da erstmals als ein solches der sozialen Regelung auf.

Im alten Orient existierte es in dieser Art noch nicht. Dort gelangte – wie im vorangehenden Kapitel geschildert – der Mensch erst im höheren Alter an leitende Stellen, und er verblieb in diesen dann bis zum Tode. Erst wenn durch sein Hinscheiden sein Platz frei wurde, konnten seine Nachfolger oder Nachkommen diesen einnehmen. Der Wechsel der Generationen, auch in ihrer sozialen Position, wurde noch durch die Natur geordnet. Ebenso war es auch in der Familie und ist es zum Teil noch bis heute im Orient geblieben. War einer einmal zum Haupt einer Familie geworden, so blieb sein Rat und Wille, solange er lebte, maßgebend, auch wenn seine Kinder schon längst erwachsen waren. Einen letzten Überrest dieser Verhältnisse haben wir heute noch in den christlichen Kirchen, vor allem in der Katholischen, sowie in den wenigen Erbmonarchien, die heute noch bestehen. Die Kirchenfürsten und besonders das Oberhaupt der Kirche gelangen zu ihren Würden in der Regel erst in sehr vorgerücktem Alter und bekleiden sie dann auf Lebenszeit. Erst der gegenwärtige Papst Paul VI. hat wenigstens für die Ausübung der Ämter der Bischöfe und Kardinäle eine Altersgrenze eingeführt. Und die weltlichen Monarchen sind – wenn nicht außergewöhnliche Verhältnisse eintreten – wenigstens auch unabsetzbar. Und mancher Kronprinz erreichte schon selbst das Patriarchenalter, bis er endlich den Thron seiner Väter besteigen konnte. In Griechenland verschob sich der Höhepunkt des menschlichen Lebens in dessen Mitte. Wie die Jüngeren in bezug auf die Fähigkeiten, die damals am höchsten geschätzt wurden, zu diesem Höhepunkt hinauf-, die Älteren aber von ihm wieder herabstiegen, so mußte es auch in bezug auf ihre Position in der menschlichen Gemeinschaft geschehen. Und so ist es im Abendland in den neuen, modernen Formen menschlicher Vergemeinschaftung, die sich im Laufe seiner Geschichte herausbildeten, bis in die Gegenwart herein im wesentlichen geblieben. Allerdings sind demgegenüber in den letzten Jahrhunderten auf denjenigen Gebieten, die als die modernsten des heutigen sozialen Lebens sich entwickelt haben, abermals neue Verhältnisse eingetreten. Und aus diesen sind erst jene Probleme erwachsen, vor die wir uns heute gestellt sehen. Von ihnen soll im folgenden Kapitel die Rede sein.

4. Grundphänomene des Lebenslaufs im Zeitalter der Naturwissenschaft

Wie alles, was auf irgend einem Gebiete charakteristische Erscheinungen des modernen Lebens sind, so müssen auch die Verhältnisse, die sich in neuerer Zeit hinsichtlich der Gestaltung des menschlichen Lebenslaufs herausgebildet haben, in erster Linie im Zusammenhang betrachtet werden mit derjenigen geistigen Macht, welche den letzten Jahrhunderten am stärksten das Gepräge gegeben hat: mit der *modernen Naturwissenschaft,* wie sie sich seit den Tagen des Kopernikus und Galilei entwickelt hat. Wenn auch die ersten Anfänge der Naturwissenschaft schon im alten Griechenland lagen, so ist diese doch in ihrer modernen Gestalt etwas ganz anderes geworden, als sie in der Antike gewesen war. Und dieses Andere ist sie vor allem durch die Umwandlung geworden, die das menschliche *Denken* im Übergang zur neueren Zeit erfahren hat.

Wir wiesen im vorangehenden Kapitel darauf hin, in welch inniger Verbindung im Griechentum das Denken noch mit der Sprache gestanden hatte. Diese Verbindung hat es an der Wende zur Neuzeit gelöst und ist eine andere eingegangen: mit dem Elemente der *Mathematik.* Deutlich tritt dies auf philosophischem Felde schon in Erscheinung bei dem Begründer der modernen Philosophie, bei Descartes, und noch mehr bei Spinoza. Noch früher zeigt es sich auf naturwissenschaftlichem Gebiete selbst in der Art, wie Galilei und Kepler die ersten von ihnen entdeckten mechanischen und astronomischen Naturgesetze formulieren. Es geschieht dies in Gestalt von mathematischen Gleichungen. Und in dieser Form sind seither fast alle von der modernen Naturwissenschaft gefundenen Naturgesetzmäßigkeiten zur Darstellung gebracht worden. Hierin liegt aber ein deutlich sprechendes Symptom für die Veränderung, welche das Denken im Übergang zur neueren Zeit durchgemacht hat. Die Sprache entwickelt sich im Verkehr des Menschen mit seiner menschlichen und außermenschlichen Umwelt. In ihr kommen die Beziehungen zwischen Mensch und Welt zum Ausdruck. Die Mathematik – und zwar sowohl als Arithmetik wie auch als Geometrie – quillt ausschließlich aus dem menschlichen Innern. Sie ist ein reines, freies Innenerzeugnis. Ihre Wahrheiten lassen sich zwar auf Gegenstände der sinnlichen Wahrnehmung anwenden, aber sie selbst werden nicht auf dem Wege der sinnlichen Erfahrung gewonnen und bedürfen auch nicht der Bestätigung durch diese. Denn sie beziehen sich auf rein ideelle Inhalte. Darum empfindet der moderne Mensch im Gebiete der Mathematik – wie schon Descartes ausgesprochen hat – so stark das Element der unbedingten Wahrheit und Gewißheit. Denn es mischt sich in ihre Inhalte nichts Unsicheres, Unüberschaubares. Sie sind nichts anderes als das, als was sie durch das Denken produziert werden. Und darum empfand man seit dem Beginne der neueren Zeit das Bedürfnis, die Sinneserscheinungen für ihre erkenntnismäßige Bewältigung ausschließlich mit mathematischen Begriffen zu durchdringen. Und so verwandelte sich denn die Erforschung der Natur seitdem in ein Wägen, Zählen und Messen desjenigen, was unmittelbar beobachtet oder auf dem Wege des Experiments zur Erscheinung gebracht wird. Und Kant prägte den Satz, daß in jeder Wissenschaft nur so viel Wissenschaft enthalten sei, als Mathematik in ihr enthalten ist. Der Übergang des Denkens von der Sphäre des Sprachlichen in diejenige des Mathematischen bedeutet also, daß es sich verinnerlicht hat, gewissermaßen tiefer in das menschliche Innere eingezogen ist. In der Tat hatte es in der Zeit seiner Sprachverwandtschaft – wie wir im vorigen Kapitel andeuteten – mit der Sprache auch das gemein, daß es im geistigen Verkehr des Menschen mit der Welt sich entfaltete. Es verband den Menschen noch auf naturhaft geistige Art mit der Welt. Für den Griechen gehörten die Begriffe noch der Welt selbst an. Und das Denken war gleichsam nur das Auge, mit dem sie geschaut wurden.

Der moderne Mensch fühlt sich in seinem Denken ganz mit sich allein. Er empfindet es als eine innere, schöpferische Tätigkeit. Und seine Begriffe muß er als das Erzeugnis dieser seiner Tätigkeit betrachten.

Damit aber sieht er sich geistig in noch viel höherem Grad auf sich selbst gestellt, als dies für den Griechen gegolten hatte. Ja, er fühlt – wie der Descartessche Satz »Ich denke, also bin ich« zeigt – sein Sein als *Ich* geradezu auf diese seine schöpferische Denktätigkeit begründet. Und damit ist seine Verselbständigung gegenüber der Welt, die im Griechentum erst ihren Anfang genommen hatte, jetzt eine vollständige geworden. Er ist geradezu zum kosmischen Eremiten geworden.

Was ihn mit der Welt verbindet, ist heute nurmehr die sinnliche Wahrnehmung. Oder anders ausgedrückt: die sinnlich-ideelle Wahrnehmung von ehemals hat sich auf eine *rein sinnliche* reduziert. Und weil diese Art der Wahrnehmung die *einzige Brücke* geblieben ist, die noch von ihm zur Welt führt, darum hat sie für die moderne Naturwissenschaft eine so große Bedeutung gewonnen. Diese bezeichnet sich ja mit Emphase als »empirische«, das heißt auf die *Sinnesbeobachtung* begründete.

Diese inneren Voraussetzungen der modernen Naturwissenschaft: die Verinnerlichung des Denkens beziehungsweise der Begriffswelt einerseits, die Reduktion einer ehemals umfassenderen auf eine bloß sinnliche Außenweltserfahrung andererseits, hatten nun aber zur Folge, daß ihrer Betrachtung die ganze äußere Welt als eine rein sinnlich-stoffliche und alles Seelische und Geistig-Ideelle als eine bloße Tatsache des menschlichen Innenlebens erscheinen mußte. So entstand der *materialistische* Charakter der naturwissenschaftlichen Weltauffassung.

Dieser trat ja sogleich in Erscheinung, als im 16. Jahrhundert *Kopernikus* das geozentrische Weltbild des Ptolemäus durch das *heliozentrische* ersetzte. Während für das erstere noch jedem Planeten eine Sphäre göttlich-geistiger Wesenheiten und Kräfte zugeordnet war, durch welche er bewegt wird, und die Gesamtheit dieser Sphären einen in sich geschlossenen Kosmos darstellte, der im Schoße der Gottheit ruht, – sind im Sinne des modernen Weltbildes die Sterne als rein materielle Körper in einen nach allen Richtungen ins Unendliche sich ausdehnenden leeren Raum gestreut und bewegen sich – nach der Annahme Newtons – vermöge der allem Materiellen innewohnenden Kraft der gegenseitigen Anziehung seiner Teile. So wurde der große englische Mathematiker zum Begründer der »Himmelsmechanik«, das heißt der Auffassung von unserm Planetensystem als einem kosmischen Mechanismus. Was nun den Menschen betrifft, so konnte dieser in der neueren Zeit nicht mehr unmittelbar dem Gesamtkosmos als dessen mikrokosmisches Abbild zugeordnet werden – denn einen »Kosmos« als in sich geschlossenes Ganzes im früheren Sinne gibt es ja nicht mehr –, sondern er wurde jetzt ausschließlich im Zusammenhang mit jenem »Staubkorn« betrachtet, als welches die *Erde,* die er bewohnt, innerhalb des grenzenlosen Universums erscheint. Und so stellt er sich auch von diesem Gesichtspunkt aus gesehen als kosmischer Eremit dar. Dieses Eremitendasein wurde allerdings dadurch »gemildert«, daß er jetzt in der wissenschaftlichen Betrachtung viel stärker, als es früher der Fall gewesen war, in Verbindung gebracht wurde mit den Genossen, die mit ihm das Erdendasein teilen: den verschiedenen Naturreichen. Und es bedeutete nur den Schlußpunkt in der Entwicklung dieser Betrachtungsweise, wenn schließlich im 19. Jahrhundert durch den Darwinismus das Menschengeschlecht zur höchsten, vollkommensten Gattung des Tierreiches proklamiert wurde.

Was war damit eigentlich gesagt?

Zweierlei Kennzeichen bestimmen das Wesen des Tieres. Es ist – wie schon eingangs dieser Darstellung angedeutet – einerseits bloßes *Gattungswesen*. Es lebt lediglich *aus* den Kräften seiner Gattung und nur *für* seine Gattung. Es bringt die gattungstypischen Fähigkeiten aus der *Vererbung* heraus schon durch die Geburt mehr oder weniger fertig mit ins Dasein herein. Und sein Leben steht ganz im Dienste der Erhaltung seiner Gattung. Jede Tiergattung ist andererseits in eine ganz bestimmte räumliche *Umwelt* hinein organisiert, – sowohl im »vertikalen« wie im »horizontalen« Sinne. Sie ist für das Leben entweder in der Luft, im Wasser, auf der Erde oder unter der Erde gebildet, ihr Dasein spielt sich entweder in der polaren, gemäßigten oder äquatorialen Zone ab, entweder im Wald oder auf der Wiese, im Dschungel oder in der Wüste. Das Tier ist daher essentiell ein *Raumeswesen*. Die Zeit spielt im Vergleich zum Raum für sein Leben nur eine untergeordnete Rolle. Zwar hat jede Tiergattung ihr bestimmtes durchschnittliches Lebensalter und entwickelt sich in spezifischen zeitlichen Rhythmen. Auch sind teilweise die Fortpflanzung und andere Erscheinungen des tierischen Lebens an den Wandel der Jahreszeiten gebunden. Dennoch: in der inneren Entwicklung des Tieres selbst, namentlich des höheren, – in seinem »Lebenslauf« – gibt es nur spärliche zeitliche Gliederungen. Verhältnismäßig rasch erreicht es die Geschlechtsreife, seinen Lebenshöhepunkt; von da an findet ein langsames Altern und Hinwelken statt. Das Alter eines ausgewachsenen höheren Tieres ist daher nach dem bloßen äußeren Anblick schwer, ja kaum zu bestimmen.

Die Degradierung des Menschen zur höchsten tierischen Spezies hatte zur Folge, daß auch für ihn als die seine Prägung bestimmenden Faktoren in neuester Zeit *Vererbung* und *Umwelt* geltend gemacht wurden. Es ist seit dem 19. Jahrhundert üblich geworden, in Lebensbeschreibungen geschichtlicher Persönlichkeiten deren Begabungen und Charaktereigenschaften aus denjenigen der verschiedenen Glieder ihrer Vorfahren-reihe gewissermaßen addierend herzuleiten, – obwohl gerade hervorragende menschliche Erscheinungen beweisen, wie fragwürdig solche »Erklärungen« sind. Und wir sind gewohnt geworden, den Menschen außerdem noch als das Produkt seines *Milieus* zu betrachten, – welcher Begriff im Bereiche des Menschlichen selbstverständlich nicht bloß im räumlich-geographisch-klimatischen, sondern auch im kulturellen, sozialen und geschichtlichen Sinne aufzufassen ist. Dennoch aber: der Mensch gilt ausschließlich als das Ergebnis von Vererbung und Milieu. Nicht das Individuelle, sondern das Typische, das diese beiden Faktoren aus ihm machen, wird ins Auge gefaßt und in »Rechnung« gestellt. Denn es läßt sich mit den Mitteln der Statistik auch weitgehend berechnen. Und so ist es denn kein Wunder, daß im 20. Jahrhundert der *Durchschnittsmensch* allenthalben zur Herrschaft gelangt ist: der Durchschnittsbürger, der Durchschnittsamerikaner, der Durchschnittsfranzose usw., – als ob der Mensch nur »Exemplar« seiner Gattung oder einer Varietät derselben sei. In den Umfragen der Meinungsforschungs-(Gallup-)Institute findet diese Auffassung ihren signifikantesten Ausdruck.

Versuchen wir nun, uns darüber klarzuwerden, was alle die geschilderten Tatbestände für die Auffassung und Gestaltung des menschlichen *Lebenslaufs* in unserer Zeit zur Folge hatten, so ist wohl davon auszugehen, daß der moderne Mensch der Realität nach in höherem Grade zum *auf sich selbst gestellten Ichwesen* geworden ist, als es der antike Mensch war. Sieht man das, was den Menschen zum Menschen macht, in seinem geistigen Wesen, das heißt in dem, was ihn zum Denken und zu dem durch begriffliche Motive begründeten beziehungsweise durch sittliche Ideale geleiteten Handeln befähigt, so kann der moderne Mensch, weil sein Denken sich ganz zu seiner eigenen, schöpferischen Tätigkeit verinnerlicht hat, sein Menschentum nicht mehr durch das Element des »Gesprächs«, das heißt durch die bildende Wirkung der »Gesellschaft«, des »Staates« im antiken Sinn erlangen, sondern nur durch Entfaltung seiner inneren, denkerisch-geistigen Aktivität. Denn das »Gespräch« ist für ihn nicht mehr die unmittelbare Quelle der Wahrheitsfindung; diese muß er vielmehr in seinem eigenen Innern suchen. Alles, was der Welt des »Gesprächs« angehört, kann ihm hierbei nur Hilfe leisten, kann ihn zur inneren Aktivität lediglich anregen. An der Stelle seines Lebens – in der Zeit nach erreichter Volljährigkeit –, an welcher ehemals der »Staat« ihn in seine menschenbildende Wirksamkeit aufgenommen hat, muß heute seine eigene denkerische Regsamkeit einsetzen. Das bildende Wirken der Natur, das damals die im Staate verkörperte menschliche Gesellschaft fortsetzte, muß er in unserer Zeit unmittelbar *selbst* weiterführen. (Daß der Staat heute nicht mehr die Funktion der Menschenbildung zu erfüllen imstande ist, liegt – wie weiter unten zu zeigen sein wird – außerdem auch in dem ganz veränderten Charakter begründet, den *er* in der neueren Zeit angenommen hat.) Die Bildung des Menschen zum Menschen ist aus der Kompetenz des Staates in die Verantwortung des eigenen menschlichen Ichs übergegangen. Sie ist zu einer Aufgabe der *Selbsterziehung* des Menschen geworden. *Dies ist ein erstes Grundfaktum des modernen Lebens.* Dem Menschen unserer Zeit stellt sich in dem Alter des Erwachsenseins – will er überhaupt zum Menschen im vollen Sinne des Wortes werden – die Forderung der Selbsterziehung. Denn jenes Ziel ist heute auf keinem andern Wege mehr zu erreichen.

Das Gegenstück zu diesem Tatbestand stellt der andere dar, daß die *bildende Kraft der Natur,* des Kosmos, im modernen Menschen noch um einen Grad *weiter zurückgegangen ist* als beim antiken Menschen. Leuchtete für den letzteren selbst im Denken, das ihn in der Lebensmitte zum »Vollmenschen« – im Sinne des Aristoteles – werden ließ, noch ein letzter Schimmer von Naturhaftigkeit, durch welche es ihn mit dem Kosmos verband, so ist – wie geschildert – dieser Schimmer heute ebenfalls erloschen. Begriffe erscheinen heute im menschlichen Bewußtsein nur in der Weise, daß der Mensch selbst sie tätig erzeugt. Was die Natur dem heutigen Menschen einzig noch schenkt, ist die *sinnliche Wahrnehmung* und alles das, was mit dieser – ohne denkerische Verarbeitung – an Empfindungen, Erlebnissen, Gestaltungskräften verbunden ist. Wie aber das Denken, der logische Scharfsinn, gegen die Lebensmitte hin seinen Höhepunkt erreicht, so eignet der sinnlichen Erlebnisfähigkeit ihre größte Frische und Stärke in dem Alter, das der Lebensmitte *vorangeht.* Verläßt sich der moderne Mensch nur auf das, was er an Naturgaben ins Leben mit hereinbringt, so ist er in einem Alter, das gegen das Ende der 20er Jahre hin liegt, bereits am Ende. Seine produktiven Kräfte sind erschöpft, und er kann sich dann in dem, was er bis dahin geleistet hat, nur noch wiederholen, – wobei durch die Verfestigung, die in der Folge eintritt, sich in der Regel eine bestimmte Manier ausbildet.

Durch diese beiden Grundtatbestände ist zunächst das *Ur-phänomen des menschlichen Lebenslaufs in unserm Zeitalter* gekennzeichnet: Es besteht einerseits in der Erschöpfung der naturhaft wirkenden Bildungs- und Schaffenskräfte gegen das Ende der 20er Jahre, das heißt *vor* der Lebensmitte, und andererseits in der Notwendigkeit, die Bildung zum vollen Menschentum von diesem Alter an durch die eigene selbsterzieherische Bemühung weiterzuführen. In weltgeschichtlich beispielhafter Weise sind diese Tatsachen dargelebt und diese Forderungen erfüllt worden innerhalb des deutschen Geisteslebens vom letzten Drittel des 18. Jahrhunderts, als aus dem »Sturm und Drang«, welcher das literarische Schaffen der 70er Jahre durchbraust hatte, *Goethe* und *Schiller* sich durch jene Selbsterziehung und Selbstverwandlung herausrangen, die sie dann zu den Klassikern der deutschen Dichtung hat heranreifen lassen. Diese Bewegung des »Sturmes und Dranges« war damals in der jungen Generation, mit unter dem Einfluß von Rousseaus Parole »Zurück zur Natur!«, als Reaktion gegen das durch die französische Klassik gepflegte, inzwischen aber bereits in Dekadenz und Sterilität versunkene verstandesmäßige Regelwesen entstanden. Man machte diesen Verstandesregeln gegenüber das Natürliche, Ursprüngliche, »Geniale« geltend, spielte den in seinem derben »Realismus« und seiner »Regellosigkeit« allem Schematismus spottenden »Naturdichter« Shakespeare gegen die in steifen Formen ein künstlich erhöhtes Menschentum darstellenden französischen Tragiker aus und ergab sich einem maßlosen Empfindungsüberschwang, der vielfach in einer rohen, ungezügelten Sprache sich entlud. Im Sinne dieser Tendenzen hatten sowohl Goethe wie Schiller – jener im *Götz*, *Werther* und *Urfaust*, dieser in den *Räubern, Fiesco* und *Kabale und Liebe* – Werke geschaffen, in denen eine unerhörte Jugendgenialität sich auslebte, – Werke von hinreißendem Schwung, voll tiefster Empfindung, aber auch durchglüht vom Feuer heiligen Zornes über die moralische Verderbnis der Zeitwelt. Während nun aber die meisten der anderen »Stürmer und Dränger«, nachdem die Flamme der Jugendgenialität erloschen war, in Haltlosigkeit oder künstlerische Mittelmäßigkeit versanken, traten Goethe und Schiller gegen Ende ihrer 20er Jahre in eine Schule der strengsten Selbsterziehung ein, – Goethe durch seine naturwissenschaftlichen Forschungen und durch die ernsteste Ergreifung und Erfüllung seiner Aufgaben und Pflichten als Minister des weimarischen Staates, – Schiller durch das damals aufgenommene Studium der Philosophie und der Geschichte. Die poetische Produktion ruhte bei beiden während dieser Periode fast völlig oder schritt nur langsam vorwärts. Diese Selbsterziehung führte bei beiden zu einer tiefgehenden Wandlung, die namentlich bei Schiller eine so durchgreifende war, daß Wilhelm v. Humboldt sie als »den vielleicht seltensten Wendepunkt, den je ein Mensch in seinem geistigen Leben erfahren hat«, bezeichnete.[7] Nur auf Grund dieser Selbstverwandlung war es ja dann auch möglich, daß zwei so gegensätzliche Naturen wie *sie* ihren so einzigen Freundschaftsbund schließen konnten. Was aber in jenen Jahren sie vor allem beschäftigte, das waren gerade die Fragen, die sich auf die Wege der Bildung des Menschen zum Menschen beziehen. Zeugnis hiervon legen auf seiten Goethes sowohl die großen in jener Zeit (wenigstens in ihren ersten Fassungen) entstandenen Dichtungen wie *Wilhelm Meisters Lehrjahre* und *Iphigenie* ab wie auch die Gedichte *Das Göttliche* und *Die Geheimnisse*, – welch letztere übrigens das »Geheimnis der Menschwerdung« im höheren Sinne in menschheitlicher Sicht in so umfassender Weise hätten darstellen sollen, daß Goethe von diesem Plan damals nur den ersten Anfang zur Ausführung zu bringen vermochte. Dennoch ist gerade in diesem Gedicht vielleicht das Tiefste und Entscheidenste über die Bedingungen der »Menschwerdung« für unser Zeitalter ausgesprochen, wenn es da im Hinblick auf die Mittelpunktsgestalt desselben: Humanus, den Repräsentanten des Menschentums, heißt:

»Wenn einen Menschen die Natur erhoben,
Ist es kein Wunder, wenn ihm viel gelingt;
Man muß in ihm die Macht des Schöpfers loben,
Der schwachen Ton zu solcher Ehre bringt.
Doch wenn ein Mann von allen Lebensproben
Die sauerste besteht, sich selbst bezwingt,
Dann kann man ihn mit Freuden andern zeigen
Und sagen: ›Das ist er, das ist sein eigen!‹

Denn alle Kraft dringt vorwärts in die Weite,
Zu leben und zu wirken hier und dort;
Dagegen engt und hemmt von jeder Seite
Der Strom der Welt und reißt uns mit sich fort;
In diesem innern Sturm und äußern Streite

[7] Über Schiller und den Gang seiner Geistesentwicklung.

Vernimmt der Geist ein schwer verstanden Wort:
›Von der Gewalt, die alle Wesen bindet,
Befreit der Mensch sich, der sich überwindet!‹«

Bekannt und bezeichnend ist freilich auch, daß Goethe gerade für die menschlichen und künstlerischen Errungenschaften seiner 30er Jahre, die ja dann auf seiner Italienreise zur vollen Reife kamen, nicht nur in der weiteren Öffentlichkeit, sondern selbst bei seinen Freunden zunächst wenig Verständnis zu finden vermochte, – daher denn auf die Rückkehr aus Italien Jahre der Vereinsamung in Weimar für ihn folgten. Für das breite Publikum blieb er auch weiter der Dichter des *Werther* und des *Urfaust,* – wie ja auch mit Schillers Namen für lange die *Räuber* verbunden blieben, weswegen ihn noch 1790 die französische Revolution zum Ehrenbürger ihres neuen Staates ernannte.

Auf diese Lobredner seiner Jugendwerke und Kritiker seiner reifen Kunst münzte Goethe im Alter die bekannten Verse:

»Da loben sie den Faust
Und was noch sunsten
In meinen Schriften braust
Zu ihren Gunsten;
Das alte Mick und Mack,
Es freut sich sehr;
Es meint das Lumpenpack,
Man wär's nicht mehr!«

Auch für Schiller stand während jener Epoche der Selbstverwandlung im Zentrum seines geistigen Ringens die Klärung der Probleme der Bildung des Menschen zum vollen, wahren Menschentum. In seinen philosophischen Schriften, die als Frucht dieser Jahre entstanden, namentlich in *Anmut und Würde* und in den *Briefen über die ästhetische Erziehung des Menschen* hat er geradezu grundlegende – und auch heute noch längst nicht genügend gewürdigte – Darstellungen dessen gegeben, was für den Menschen unserer Zeit in dieser Beziehung zur Aufgabe geworden ist. Daß auch er sich des oben gekennzeichneten Urphänomens des heutigen Lebenslaufs aufs deutlichste bewußt war, bezeugt eine Fußnote zu *Anmut und Würde,* die wie im Hinblick auf die einstigen Genossen aus der Zeit des »Sturmes und Dranges« verfaßt erscheint:

»Ich bemerke beiläufig, daß etwas Ähnliches (wie mit der

leiblichen Schönheit D. V.) zuweilen mit dem *Genie* vorgeht, welches überhaupt in seinem Ursprunge wie in seinen Wirkungen mit der architektonischen (d. i. der rein leiblichen D. V.) Schönheit Vieles gemein hat. Wie diese, so ist auch jenes ein bloßes Naturerzeugnis; und nach der verkehrten Denkart der Menschen, die, was nach keiner Vorschrift nachzuahmen und durch kein Verdienst zu erringen ist, gerade am höchsten schätzen, wird die Schönheit mehr als der Reiz, das Genie mehr als erworbene Kraft des Geistes bewundert. Beide *Günstlinge der Natur* werden bei allen ihren Unarten (wodurch sie nicht selten ein Gegenstand verdienter Verachtung sind) als ein gewisser Geburtsadel, als eine höhere Kaste betrachtet, weil ihre Vorzüge von Naturbedingungen abhängig sind und daher über alle Wahl hinaus liegen.

Aber wie es der architektonischen Schönheit ergeht, wenn sie nicht zeitig dafür Sorge trägt, sich an der *Grazie* eine Stütze und eine Stellvertreterin heranzuziehen, ebenso ergeht es auch dem Genie, wenn es sich durch Grundsätze, Geschmack und Wissenschaft zu stärken verabsäumt. War seine ganze Ausstattung eine lebhafte und blühende Einbildungskraft (und die Natur kann nicht wohl andre als sinnliche Vorzüge erteilen), so mag es bei Zeiten darauf denken, sich dieses zweideutigen Geschenks durch den einzigen Gebrauch zu versichern, wodurch Naturgaben Besitzungen des Geistes werden können: dadurch, meine ich, daß er der Materie Form erteilt; denn der Geist kann nichts, als was Form ist, sein eigen nennen. Durch keine verhältnismäßige Kraft der Vernunft beherrscht, wird die wild aufgeschossene, üppige *Naturkraft* über die Freiheit des Verstandes hinauswachsen und sie ebenso ersticken, wie bei der architektonischen Schönheit die Masse endlich die Form unterdrückt.

Die Erfahrung, denke ich, liefert hiervon reichlich Belege, besonders an denjenigen Dichtergenien, die früher berühmt werden, als sie mündig sind, und wo, wie bei mancher Schönheit, das ganze Talent oft die *Jugend* ist. Ist aber der kurze Frühling vorbei, und fragt man nach den Früchten, die er hoffen ließ, so sind es schwammige und oft verkrüppelte Geburten, die ein mißgeleiteter blinder Bildungstrieb erzeugte. Gerade da, wo man erwarten kann, daß der Stoff sich zur Form veredelt und der bildende Geist in der Anschauung Ideen niedergelegt habe, sind sie, wie jedes andre Naturprodukt, der Materie anheimgefallen, und die vielversprechenden Meteore erscheinen als ganz gewöhnliche Lichter – wo nicht gar als noch etwas weniger. Denn die poetisierende Einbildungskraft sinkt zuweilen auch ganz zu dem Stoff zurück, aus dem sie sich losgewickelt hatte, und verschmäht es nicht, der Natur bei einem andern *solidern* Bildungswerk zu dienen, wenn es ihr mit der poetischen Zeugung nicht mehr recht gelingen will.«

Durch ihre beispielhafte Selbsterziehung und die von ihnen hierbei errungenen Einsichten sind Goethe und Schiller in ihren späteren Werken zugleich die hervorragendsten Verkünder des »Humanitätsideals« geworden, das heißt jener Wege zum höheren Menschentum, die der Entwicklungslage der modernen Menschheit entsprechen.

Nun hat aber der weitere Verlauf der Geistesentwicklung des 19. Jahrhunderts, wie schon erwähnt, die Degradierung des Menschen zu einer bloßen Spezies des Tierreiches und damit die Auffassung mit sich gebracht, daß er, ähnlich wie »andere« Tiere, ausschließlich durch *Vererbung* und *Milieu* bestimmt sei. Im Nationalsozialismus hat diese Auffassung in unserem Jahrhundert eine besondere Nuancierung dahingehend erfahren, daß der Mensch durch »Blut und Boden« bestimmt sei, wobei unter Blut vor allem die Rasse verstanden wurde. Der praktischen Konsequenzen, die aus dieser Auffassung von ihm gezogen wurden, sind wir alle, die die 30er bis 40er Jahre erlebt haben, Zeugen geworden. In der Zeit nach dem Zweiten Weltkrieg hat dieselbe Grundauffassung wieder andere Blüten getrieben. Man hat inzwischen gelernt, Fortpflanzung und Vererbung zu manipulieren durch künstliche Befruchtung mit Spermien, die heute mittels Tiefkühlung konserviert werden können, sowie auch durch chemische Beeinflussung beziehungsweise Mutierung des keimenden Lebens. Und da heute intellektuelle Fähigkeiten die höchste Schätzung genießen, diese aber ebenfalls ausschließlich als Resultat von Vererbung und Milieu-Einwirkungen betrachtet werden, so wird heute von wissenschaftlicher Seite die Idee propagiert, zwecks Hebung des durchschnittlichen Intelligenzniveaus Menschen mit größerer Gehirnmasse zu züchten und die dadurch erhöhten Intelligenzanlagen durch ein schon in den ersten Lebensjahren einsetzendes Training mittels geeigneter Lernmaschinen zu wesentlich gesteigerter Leistungsfähigkeit zu bringen.[8] Da aber alles,

[8] Siehe: *Das umstrittene Experiment: der Mensch.*

was dem Menschen auf diese Weise an Fähigkeiten angezüchtet oder »anerzogen« wird, in unserer Zeit gegen Ende seiner 20er Jahre seine Produktivität erschöpft, und durch die projektierten Methoden der »Erziehung« diejenige Kraft geradezu unterdrückt wird, durch welche er allein sich über jenes Alter hinaus innerlich weiterentwickeln kann: die Fähigkeit der Selbsterziehung, so würde die Verwirklichung dieser Projekte zur Folge haben, daß die Menschen, die als Resultate derselben heranwachsen, bezüglich ihrer inneren Reife über das Alter von 27 bis 28 Jahren schlechterdings nicht mehr hinauskommen. Daß eine ständig zunehmende Zahl unserer Zeitgenossen bereits seit geraumer Zeit auf dieser Reifestufe lebenslang verharrt, wurde schon vor einem halben Jahrhundert von *Rudolf Steiner* als ein Grundfaktum der Gegenwart aufgewiesen. Es dokumentiert sich dieses Verharren in der Unreife und Oberflächlichkeit der Vorstellungen über Welt und Leben, an denen solche Menschen ihr ganzes Leben festhalten, – in ihrer Sucht, dem ganzen Leben nur immer neue Möglichkeiten des Genusses abzujagen, – in ihrer Ungeneigtheit und Unfähigkeit, ihren Horizont zu erweitern und aus den Erfahrungen des Lebens zu lernen, – in ihrer Abneigung dagegen, ihre Interessen über die bloß persönliche Sphäre hinaus auszudehnen, – in ihrem Unvermögen und Widerwillen, andersgeartete Anschauungen und Auffassungen kennen zu lernen, gelten zu lassen und nach der ihnen zukommenden Berechtigung zu würdigen. Es darf hier nochmals an die schon in der Einleitung zitierten Sätze aus *J. Bodamers* Buch *Der Mensch ohne Ich* erinnert werden: »Die Grenzen zwischen Jung und Alt werden so verwischt, daß Jugend nicht mehr einen Zeitabschnitt der menschlichen Lebensentwicklung bedeutet, sondern als permanente, gewollte und dann habituelle Unreife festgehalten wird. Der innere Mensch, der im Alter hervortreten müßte, wenn der äußere zu verblassen beginnt, bleibt aus, weil sich dieser innere Mensch, die inwendige geistige Figur einer menschlichen Existenz, das Ich des Alters – könnte man sagen – gar nicht hat bilden können. Denn die Struktur unserer Zeit ist so, daß sie zwar organisatorisch und karitativ alles tut, um das Alter seine Nutzlosigkeit nicht allzusehr fühlen zu lassen, gleichzeitig aber verhindert diese Zeit auch mit allen Mitteln, daß wir im geistigen Sinn richtig alt werden können.«

Bedenkt man nun aber, daß – wir wir sahen – der Mensch in unserem Zeitalter zum vollen Menschentum überhaupt nur durch die Selbsterziehung gelangen kann, die er sich aus der inneren Aktivierung seines Ichs angedeihen läßt, so bedeutet das geschilderte Grundfaktum nichts Geringeres, als daß der Charakter der Gegenwartszivilisation dem Menschen, sofern sich dieser ihm überläßt, *die Bildung zum vollen Menschentum geradezu verunmöglicht.* Man hat diesen ihren Tiefstand in menschlicher Beziehung da, wo man sich seiner bewußt wurde, seit längerer Zeit dadurch zu kennzeichnen versucht, daß man sagte, unsere Zeit habe zwar eine bewunderungswürdige *»Zivilisation«,* aber keine *»Kultur«* mehr, – insofern eben das spezifisch Menschliche in der Kultur sich bezeuge. Die letzten Jahrzehnte haben jedoch erwiesen, daß diese Kennzeichnung die Wirklichkeit der Gegenwart keineswegs mehr erschöpfend charakterisiert. Sie muß heute vielmehr dahin verschärft werden, daß wir in die Epoche einer *Barbarei* eingetreten sind, die zwar mit dem höchsten technischen Komfort ausgestattet ist, gleichzeitig aber sich mit den furchtbarsten Waffen ausgerüstet hat, durch die sie alles Menschliche mit der Auslöschung bedroht. Einer Barbarei, die den Ansturm auf den Menschen in aller Form eröffnet hat und ihn auf immer wieder neuen Fronten vorantreibt. Die hiermit zunächst im Allgemeinen geschilderten Verhältnisse erlangen nun ihre Ausprägung im Besonderen durch die charakteristischen Erscheinungen, die im Gefolge der neueren Naturwissenschaft dem modernen Leben das Gepräge gegeben haben. Als unmittelbarste Lebensfrucht der Naturerkenntnis erwuchs die Naturbeherrschung in Gestalt der modernen *Technik.* Die folgenreichste Wirkung der letzteren aber ist ohne Zweifel diejenige, die sie auf dem Gebiete des *Wirtschaftslebens* hervorgerufen hat. Sie hat seit der industriellen Revolution am Ende des 18. Jahrhunderts nicht nur die maschinelle Massenproduktion von Gütern und deren durch die technischen Verkehrs- und Transportmittel erleichterte und beschleunigte Zirkulation über weiteste Entfernungen hin gebracht, nicht nur infolge davon die bis dahin noch relativ in sich geschlossenen Nationalwirtschaften in die einheitliche, die ganze Erde umfassende Weltwirtschaft übergeführt, – sie hat darüber hinaus das wirtschaftliche Leben überhaupt gegenüber dem staatlichen und dem geistigen, kulturellen ungeheuer aufgebläht und zum allbeherrschenden Bereich des sozialen Daseins werden lassen. Unter dem Eindruck dieser Entwicklung drängte sich schon um die Mitte des vorigen Jahrhunderts *Karl Marx* die Überzeugung auf, daß die Wirtschaft und die in ihr

stattfindenden Kämpfe um die Herrschaft über ihre Produktiv-
kräfte die *einzige Wirklichkeit* des sozialen und geschichtlichen
Lebens ausmache und alles übrige, was sonst noch zwischen
Menschen spielt: politische Beziehungen, religiöse Bekennt-
nisse, wissenschaftliche Lehrmeinungen, Kunstpflege usw. nur
wesenlose *Ideologie* sei, – gewissermaßen Schaumgebilde, die,
von den Strömungen und Wirbeln des Wirtschaftslebens erzeugt, auf seiner Oberfläche schwimmen. Wenn auch diese materialistische Geschichtsauffassung von bürgerlichen Kreisen
vielfach scharf abgelehnt wurde, und wenn sie auch gewiß für
ältere Epochen der Geschichte nicht gilt, – heute hat sie sich
auch im bürgerlichen Westen allgemein durchgesetzt, und als
Wiedergabe moderner Tatsächlichkeit kann ihr ja auch die
Wahrheit nicht abgesprochen werden.

Was dies bedeutet, wird erst völlig klar, wenn man außerdem
noch das folgende berücksichtigt: In früheren Zeiten war die
wirtschaftliche Betätigung noch ganz eingebettet in eine aus religiösen Quellen entsprungene theokratische Lebensordnung
und bekam ihren menschlichen Sinn dadurch, daß sie im Dienste dieser Ordnung ausgeübt wurde. Ja, sie war ihrem Wesen
nach im ethisch-religiösen Sinn verstandener »Dienst«, – wurde
sie doch ausschließlich von den unteren, »dienenden« Klassen
oder Kasten geleistet. Und sie war, insofern die damalige Lebensordnung die Herrschaft des Göttlichen über die Menschheit darstellte, im eigentlichen Sinn »Gottes-Dienst«. In einer
späteren Zeit – man denke an die Handwerkerzünfte der mittelalterlichen Städte – war die Erzeugung wirtschaftlicher Güter einerseits noch in so hohem Grade mit künstlerischer Gestaltung verbunden, andererseits durch die unmittelbare Beziehung zwischen Hersteller und Verbraucher sowie
durch ihr Getragensein von den berufsständischen Gemeinschaftsbildungen noch so stark mit seelisch-gemüthaften Wer-
ten verknüpft, daß man sich in ihr im vollen Sinne als Mensch
innerhalb eines menschenwürdigen sozialen Ganzen fühlen
konnte.

In der neueren Zeit aber hat sich das Wirtschaftsleben zu
einer autonomen, sich nach eigenen Gesetzen regulierenden
sozialen Sphäre entwickelt, indem nämlich durch die Ausbildung des Handels zu einem selbständigen Element desselben
eine Polarität zwischen Produktion und Konsum erzeugt
wurde, deren Spannungen durch den Handel in der Preisbil-
dung nach Angebot und Nachfrage immer wieder ausgeglichen

werden. In der Entwicklung dieses modernen Händlerwesens haben sich schöpferische Geisteskräfte, die früher in der religiösen oder künstlerischen, in der geistigen oder staatlichen Sphäre sich betätigt hatten, in das Wirtschaftsleben ergossen, aber jetzt mit rein ökonomischer Zielsetzung: zum Zwecke der Steigerung materiellen Gewinns. In noch höherem Maße geschah dies in der Zeit der Industrialisierung, das heißt der Entstehung des Fabrikwesens. Andererseits wurde durch dieses die Tätigkeit der Handarbeiter fortschreitend entseelt, mechanisiert und in einen Produktionsfaktor verwandelt, dessen Preis auf dem Arbeitsmarkt sich nach Angebot und Nachfrage richtet. Wenn die anfänglich unmenschlichen Formen dieser »Lohnsklaverei« inzwischen beseitigt wurden, so besteht sie im Prinzip doch heute noch. Dieses verselbständigte, rein ökonomisch orientierte Wirtschaftsleben unterscheidet sich aber sowohl von der theokratischen Lebensordnung alter Zeiten wie von der staatlich-politischen Gestaltung des menschlichen Lebens, wie sie in der Antike bestanden hat, dadurch, daß es aus sich selbst heraus *nichts dazu beizutragen vermag, den Menschen zum Menschen zu bilden*. Der »Mikrokosmos« alter Zeiten war noch Mensch, wenn auch nur als Abbild des Makrokosmos. Mensch war auch das »Zoon politikon« (das in staatlicher Gemeinschaft lebende Wesen) der griechisch-römischen Zeit. Der homo oeconomicus der neueren Nationalökonomie repräsentiert nicht mehr das volle Menschentum, wenn auch Sklaventum und Leibeigenschaft formell abgeschafft wurden und alle Menschen politisch frei und gleichberechtigt geworden sind. Denn das moderne Wirtschaftsleben wirkt, wenn ihm nicht von der geistig-kulturellen Seite her ein Gegengewicht geschaffen wird, durch sich selbst so, daß es *die menschliche Natur fortdauernd korrumpiert*. Es verwandelt, wenn es alleinherrschend wird, das menschliche Leben in einen Kampf aller gegen alle, in welchem der Schwächere vom Stärkeren rücksichtslos ausgebeutet oder zugrunde gerichtet wird. In allerneuester Zeit, da durch seine ins Unbegrenzte gesteigerte Produktivität seine Aufgabe nicht mehr darin besteht, die Knappheit der materiellen Güter zu beseitigen, sondern darin, seine Überproduktion abzusetzen, ist der Mensch als Konsument nurmehr dazu da, ihm die Erzeugnisse derselben immer wieder abzunehmen; und er wird durch ein aus allen Rohren donnerndes unaufhörliches Trommelfeuer von Propaganda und Reklame hierfür mürbe gemacht. Am allermeisten sieht er sich diesen Attacken in seiner Freizeit ausgeliefert, deren ständige Verlängerung inzwischen als ein Mittel zur Steigerung seiner Konsumbereitschaft erkannt worden ist. Von dieser nur auf Expansion und Wachstum ausgerichteten Wirtschaft, da sie auf unablässigen Verbrauch und Verschleiß angewiesen ist, werden, da ihre mächtigste Branche die Rüstungsindustrie geworden ist, auch unbedenklich Kriege provoziert und Kriegsverwüstungen im Gang gehalten, um ihre Produktion ständig auf höchsten Touren laufen und ihre Gewinne nicht absinken zu lassen.

Daß sich ihr von seiten des geistig-kulturellen Lebens ein Gegengewicht entgegenstelle, vermag die Wirtschaft aber dadurch weitgehend zu verhindern, daß sie als die beherrschende Macht unseres Lebens, die sie geworden ist, heute auch maßgebend die Gestaltung des *Erziehungs- und Unterrichtswesens* bestimmt. Sie zwingt zwar die heranwachsenden Menschen heute nicht mehr, wie in der Frühzeit des Industrialismus, bereits im kindlichen Alter von 6, 8 und 10 Jahren zur Fabrikarbeit; sie saugt aber noch immer den größeren Teil derselben schon im Pubertätsalter in sich auf. Die hierfür notwendige elementare intellektuelle Vorbildung wird dadurch in immer frühere Unterrichtsstufen vorverschoben. Und ebenso wird die im Hinblick auf den späteren Beruf erfolgende fachliche Spezialisierung des Unterrichts auf immer frühere Zeitpunkte verlegt. Dadurch aber werden die Gemütskräfte und die allgemeinmenschlichen Interessen des heranwachsenden Menschen, die gerade im Schulalter der Pflege und Nahrung bedürfen, immer mehr vernachlässigt. Sie werden schon in diesem frühen Entwicklungsstadium zum Verkümmern verurteilt. Wie das Tier die für seine spezielle Art typischen Fähigkeiten bereits fertig mit der Geburt ins Dasein mitbringt, so soll der Mensch wenigstens möglichst frühzeitig über jene speziellen Kenntnisse und Fähigkeiten verfügen, die der wirtschaftliche Kampf ums Dasein von ihm verlangt. Schließlich wird durch unser heutiges Schulwesen praktischer Darwinismus auch darin getrieben, daß die gesamte Unterrichts- und namentlich die Examensgestaltung durch das Prinzip der Leistung beziehungsweise der Auslese der Tüchtigen, Begabten und der Ausscheidung der Untauglichen bestimmt wird.

Damit aber wird dem heutigen Menschen immer mehr die Möglichkeit genommen, durch die verschiedenen Stufen seines Jugendalters so hindurchzugehen, wie es den in seinem Wesen begründeten Bedingungen entspricht, das heißt aber, ein wahrhaft *menschliches* Jungsein darzuleben. Denn die intellektuelle Schulung, wie sie heute durchwegs schon in der Volksschule, ja bereits im Kindergarten geschieht, muß im Verhältnis zu den seelischen Kräften und Bedürfnissen dieser Altersstufe als eine weit verfrühte bezeichnet werden. Mit intellektuellem Wissensballast überladen, bedrückt von Examensängsten, bereits beschwert von Berufssorgen, keuchen heranreifende Menschen heute seelisch ausgetrocknet, vielfach als jugendliche Greise dahin – und vermögen ihre Jugendlichkeit dann nurmehr zu dokumentieren in Exzessen der Vergnügung, des Sex, des Sports. Oder aber in aggressiven Protesten, in zerstörungswütigen Revolten gegen die herrschenden Mächte – oder in der Flucht aus dieser unmenschlichen Welt auf dem Wege des Drogenrausches. Wenn ihnen so bestimmte innere Möglichkeiten verloren gehen, so bietet das heutige Leben freilich dem jugendlichen Menschen dafür besonders auf wirtschaftlichem Gebiete große äußere Chancen. Denn gerade all das, was ihn in der ersten Lebenshälfte beseelt: Unternehmungslust, Tatendrang, der Wille, es zu etwas zu bringen, – bildet zugleich die Triebfedern, welche das Räderwerk der modernen Wirtschaft in Bewegung erhalten. Und so saugt das Wirtschaftsleben gerade das, was der Jugendliche mitbringt, gleichsam willig auf und trägt ihn selbst damit vorwärts. Dazu kommt, daß seine Vitalität noch groß, und daß mit Krankheiten und Gebrechen bei ihm noch weniger zu rechnen ist als bei Ältergewordenen.

Ja, nicht nur in der Wirtschaft, auch im politischen Leben sehen wir, wie die Chancen des Aufstiegs für die Menschen jüngeren Alters sich immer mehr vergrößern, angefangen von der in den meisten Staaten durchgeführten Herabsetzung des Wahlalters. Denn auch hier gelten heute am meisten diejenigen Eigenschaften, die gerade der ersten Lebenshälfte eignen: Vitalität, Draufgängertum, Rücksichtslosigkeit, Strebertum, Tatmenschentum um jeden Preis. Die Maßstäbe der Bewertung haben sich gegenüber alten Zeiten ins völlige Gegenteil verkehrt. Was einstmals am höchsten geschätzt wurde: Besonnenheit, Lebenserfahrung, Weisheit, Überschau über größere Zusammenhänge, Hinausgewachsensein über die eigene Persönlichkeit, Überwindung egoistischer Wünsche, – all dies steht heute in Wirtschaft und Politik tief im Kurs. Und so werden auf den leitenden Posten heute immer mehr die Alten durch die Jungen ersetzt. Wenn es auch in der Regel nicht so ausgesprochen wird, es liegt doch im ganzen Charakter *unserer* Zeit, über jung und alt so zu denken, wie es in klassischen Worten der Baccalaureus in Goethes *Faust* zum Ausdruck bringt:

>»Anmaßend find' ich, daß zur schlechtsten Frist
Man etwas sein will, wo man nichts mehr ist,
Des Menschen Leben lebt im Blut, und wo
Bewegt das Blut sich wie im Jüngling so?
Das ist lebendig Blut in frischer Kraft,
Das neues Leben sich aus Leben schafft.
Da regt sich alles, da wird was getan,
Das Schwache fällt, das Tüchtige tritt heran.
Indessen wir die halbe Welt gewonnen,
Was habt ihr denn getan? Genickt, gesonnen,
Geträumt, erwogen, Plan und immer Plan.
Gewiß! Das Alter ist ein kaltes Fieber
Im Frost von grillenhafter Not;
Hat einer dreißig Jahr vorüber,
So ist er schon so gut wie tot.
Am besten wär's, euch zeitig totzuschlagen.«

Mit diesen Worten ist aber auch schon hingedeutet auf die Folgen, welche diese Überbewertung der Jugend beziehungsweise der ersten Lebenshälfte, im Zusammenhang mit all den anderen im Vorangehenden geschilderten charakteristischen Tatbeständen der modernen Zivilisation, nach sich zieht. Sie bestehen darin, daß *das Erreichen der Lebensmitte, wie schon erwähnt, in zunehmendem Maße gleichbedeutend wird mit dem Eintreten in eine Lebenskrise,* – eine Krise, die an Tiefe und Schwere in der Zukunft sich immer mehr steigern muß.

Da wir vorhin die Worte des Baccalaureus aus dem »Faust« erwähnten, so darf hier vielleicht darauf hingewiesen werden, daß in der Lebenssituation des *Helden* der Dichtung – dieses *Urbildes des modernen Menschen* –, wie sie sich gerade am Eingang des Dramas darstellt, durchaus *auch* schon das Bild dieser *Krise der Lebensmitte* gemalt wird. Zwar ist es gewiß in erster Linie der Agnostizismus der modernen, an die äußere Sinneserscheinung gebundenen Wissenschaft, das Nicht-erkennen-können dessen, was »die Welt im *Innersten* zusammenhält«, – was zur Krise in Faustens Leben führt. Bedeutsam und bezeichnend muß es aber doch erscheinen, daß Faust diese Krise gerade in der Mitte seiner 30er Jahre erlebt. Denn so alt müssen wir uns ihn – wenn er nach üblichem Brauch um die Mitte seiner 20er Jahre als akademischer Lehrer zu wirken begonnen hat – am

Anfange des Dramas denken, – hat er doch inzwischen »schon an die zehen Jahr' herauf, herab und quer und krumm die Schüler an der Nase herum« gezogen. Er ist nachgerade »gescheiter« geworden »als alle die Laffen: Doktoren, Magister, Schreiber, und Pfaffen«. Ihn »plagen keine Skrupel noch Zweifel« mehr. Er »fürchtet sich weder vor Hölle noch Teufel«. Dafür ist ihm aber auch »alle Freud' entrissen«. Er bildet sich nicht mehr ein, »was rechts zu wissen«. »Es möchte kein Hund so länger leben!« Um einen Ausweg aus dieser Sackgasse zu finden, hat er sich jetzt »der Magie ergeben«. Aber wenn es ihm auch gelingt, durch deren Zaubersprüche den »Erdgeist«, den Geist der »lebendigen Natur«, zu zitieren, so muß er von diesem doch das ihn vernichtende Wort vernehmen: »Du gleichst dem Geist, den du begreifst, nicht mir!« Dieser Geist aber ist – sein Famulus Wagner – der »trockne Schleicher« –, der in eben diesem Augenblick sein Zimmer betritt. Und so steigert sich denn seine Verzweiflung bis zum Entschlusse, seinem Leben durch Gift ein Ende zu machen.

Wenn er nun auch durch den in diesem Momente erklingenden Ostergesang von diesem Schritte zurückgehalten wird, so führt ihm dennoch der Weg der Magie, den er betreten hat, alsbald Mephistopheles als Gesellen zu. Und dieser sucht seine Verzweiflung zu betäuben und ihn über seine wahren Sehnsuchten hinwegzutäuschen, indem er ihn – angefangen mit Auerbachs Keller – »durch das wilde Leben, durch flache Unbedeutendheit« schleppt. Da die abgeschmackten Zauberspäße, die er hier vollführt, nicht verfangen, geleitet er ihn in die Hexenküche, in der Faust *verjüngt* wird. So beginnt er nun Gretchen gegenüber die Rolle des jugendlichen Liebhabers zu spielen. Aber in der Tragödie, in welcher dieses Liebesspiel nach kurzer Zeit endet und welche ihn in mehrfache Blutschuld verstrickt, entpuppt sich sogleich in vollem Maß, welche Macht ihn in *dieser* Weise über die Lebenskrise hinweggeführt hat. Der das Menschliche immer mehr mit der Auslöschung bedrohende Charakter unserer Gegenwartszivilisation hat namhafte Kulturphilosophen unserer Zeit – *Oswald Spengler, Theodor Lessing* u. a. – zu der pessimistischen Überzeugung geführt, daß das Menschendasein auf der Erde zum unentrinnbaren Untergang verurteilt sei, der sich im Laufe der nächsten Jahrhunderte vollziehen werde. Der seit dem letzten Weltkrieg aufgekommene Einsatz der durch die Technik entfesselten Atomenergie für kriegerische und friedliche Zwecke sowie die seither durch

Industrie und Technik erfolgte Verschmutzung und Zerstörung der Erdennatur läßt heute die Gefahr der Selbstvernichtung der Menschheit als eine weit akutere erscheinen. Manche sind der Meinung, daß nur eine radikale Umkehr von dem seit den letzten Menschenaltern eingeschlagenen Wege und eine Rückwendung zu den überlieferten Glaubenslehren – die ja heute kaum mehr ernst genommen werden – im Sinne eines erneuerten Ernstnehmens derselben die Menschheit vor dem Untergang bewahren könne. Andere wiederum vertreten die Auffassung, daß es genüge, wenn der Mensch innerhalb des Wirtschaftslebens als Mensch respektiert und behandelt werde. So hört man heute von vielen Seiten den Ruf: der Mensch sei nicht um der Wirtschaft, sondern die Wirtschaft um des Menschen willen da –, der Mensch müsse wieder in den Mittelpunkt der Wirtschaft gestellt werden.

Betrachten wir die Situation vom Gesichtspunkte des Lebenslaufes aus, so zeigt sich, daß der *Mensch* nicht schon vorhanden ist und nur ins Zentrum der Wirtschaft gerückt zu werden braucht, sondern daß er erst *herangebildet,* erst *verwirklicht* werden muß. Aus unserer Darstellung konnte nun hervorgehen, daß in alten Zeiten der Mensch im Verlaufe seines Lebens, namentlich als Erwachsener, zum »Menschen« gebildet worden ist durch die Kräfte, die er aus dem *religiösen* Leben empfing – vermittelst der kultischen Weihen, die mit seinen verschiedenen Lebensaltern verknüpft waren und sich in gewisser Weise in den christlichen Sakramenten noch bis heute erhalten haben. In einer mittleren Zeit war es die Pflege des *Künstlerischen* – der Rede-, Dicht- und Tonkunst, aber auch der verschiedenen bildenden Künste –, durch welche er sich zur vollen Höhe des »Menschlichen« erhob. Man denke zum Beispiel daran, wie – nach der Lehre des Aristoteles – der Zweck der altgriechischen Tragödie geradezu darin bestand, eine »Katharsis«, eine Läuterung, der Seele im Durchgang durch die Erlebnisse von Furcht und Mitleid herbeizuführen.

In unserer Epoche, da die Menschheit mehr als in irgend einer früheren Zeit zur *Bewußtheit* vorgerückt ist, müßte ihr die Möglichkeit zur vollen »Menschwerdung« in erster Linie von seiten der *Wissenschaft* geboten werden. Die heutige Bewußtseinsstufe macht es dem Menschen der Gegenwart unmöglich, unmittelbar wieder religiösen Vorstellungsweisen und kultischen Handlungen sich zuzuwenden, die, aus alten Zeiten überliefert, einer ganz anderen Bewußtseinsform entsprechen. Was aber die Wissenschaft dem Menschen unserer Zeit geben müßte, das wäre ein Bild *seines Wesens,* das ihm möglich machte, das, was sein »Menschentum« begründet, *erkenntnismäßig* zu erfassen und dadurch vollbewußt auch in sich zu verwirklichen. Und hier tritt nun die Tragik ins Licht, die darin liegt, daß das, was als »Wissenschaft« in Gestalt der Naturwissenschaft in den letzten Jahrhunderten entstanden ist, aus dem Bilde des Menschen, indem sie ihn zum höchsten Tier degradiert, gerade das *ausgestrichen hat, was ihm seine Menschenwürde verleiht, und ihm damit auch die Möglichkeit geraubt hat, dieses* Menschliche *in sich zur Ausprägung zu bringen.* Heute ist man sich bereits weitgehend im Klaren darüber, daß das Wesen, das auf dem durch die Naturwissenschaft gemalten Bilde als »homo sapiens« erscheint, mit dem wirklichen Menschen nichts zu tun hat, und daß dieser *wirkliche Mensch* für die Naturwissenschaft bis heute – wie es im Titel eines in viele Sprachen übersetzten Buches unserer Zeit schon zum Ausdrucke gebracht wurde – *das unbekannte Wesen* geblieben ist.

Eben darum sehen wir auch, wie in Philosophie und Naturwissenschaft, in Psychologie und Historie seit einigen Jahrzehnten auf breitester Front darum gerungen wird, eine *Lehre vom Menschen* zu begründen, die seiner Sonderart und seiner Sonderstellung in der Welt gerecht wird. Die Zahl der wissenschaftlichen Schriften, die diesem Thema gewidmet sind, ist bereits Legion, und unter ihren Verfassern befinden sich die hervorragendsten Denker und Forscher unsres Jahrhunderts wie Max Scheler, Karl Jaspers, Martin Heidegger, Paul Häberlin, Arnold Gehlen, Theodor Litt, Martin Buber, Werner Sombart, Alexis Carrel, Adolf Portmann u. a. So bedeutend die Errungenschaften sind, die auf diesem Wege bereits gemacht wurden, *eines* fehlt ihnen allen, um in vollem Maße zu erreichen, was in dieser Richtung von der Zeit selbst gefordert wird: die dem Gegenstand völlig entsprechende *Erkenntnismethode.* Denn sie alle stehen – auch wenn sie dies nicht zugeben – noch unter dem unmittelbaren oder mittelbaren Einfluß der naturwissenschaftlichen Erkenntnisart, die auf der Sinnesbeobachtung und deren denkerischer Verarbeitung beruht. Diese Erkenntnisart wird aber niemals an das eigentlich Menschliche heranführen, da dieses unmittelbar nicht im Gebiete des Physisch-Sinnlichen zu finden ist, sondern im Seelisch-Geistigen liegt. Der wirkliche »Mensch« wird nur gefunden, wenn die *Wahrnehmungsfähigkeit* von einer sinnlichen zu einer *seelisch-geistigen* fortgebildet und erhoben wird. Diesen Schritt hat in unserer Zeit am entschiedensten die von *Rudolf Steiner* begründete *anthroposophische Geisteswissenschaft* getan. In der von ihr errungenen Menschenwesenserkenntnis wurde erst dasjenige Menschenbild in seinen Grundzügen erarbeitet, das die Verwirklichung des »Menschlichen« in der unserer Epoche entsprechenden Art ermöglicht. Wie diese im Stufengang des menschlichen Lebenslaufs erfolgen kann, soll im nächsten Kapitel zur Darstellung kommen.

5. Der menschliche Lebenslauf als Erziehungsprozeß

Sucht man das Wesen des Menschen in solcher Art zu erfassen, wie es den Bedürfnissen und Forderungen gerade *unserer* Zeit entspricht, so stellt sich – wie am Schlusse des letzten Kapitels bereits angedeutet – vor allem die Aufgabe, die ihm gegenüber den verschiedenen Naturreichen und namentlich gegenüber dem Tierreiche zukommende *Sonderart* und *Sonderstellung* im Weltganzen zu erkennen. Denn verloren ging sein Wesen für die Erkenntnis in der neueren Zeit gerade dadurch, daß es in zu große Nähe der Verwandtschaft mit dem Tierreiche gebracht wurde. Nun haben wir allerdings im Vorangehenden bereits mehrmals darauf hingewiesen, daß diese seine Sonderart darin besteht, daß er im Gegensatz zum Gattungswesen der Tiere das *individuelle* oder das *Ich-Wesen* ist. Zumindest hat sich *dieses* Merkmal seines Wesens gerade in der *neueren* Zeit in ganz besonderem Maße ausgeprägt – oder besser gesagt: will sich in ganz besonderem Maße ausprägen.

Was mit dieser Charakteristik des Menschen gemeint ist, spricht sich durchaus im unmittelbaren Wortsinn dieser beiden Bezeichnungen aus. Das lateinische Wort »Individuum« bedeutet ja – ebenso wie das griechische »Atom« – das »Unteilbare«. Und mit ihm ist darauf hingewiesen, daß wir es im Menschen, wie er als Einzelner vor uns steht, unmittelbar mit einer *letzten Einheit* einer Urerscheinung des wesentlich Menschlichen zu tun haben, die in ihrem tiefsten Wesen nicht teilbar beziehungsweise aufteilbar ist. Die Bezeichnung »Ich-Wesen« aber, in der ja die Tätigkeit des Sich-auf-sich-selbst-beziehens zum Ausdrucke kommt, deutet darauf hin, daß dieses schlechthin Unteilbare im Menschen, diese letzte Einheit, sich, erkenntnis- und willensmäßig, *durch sich selbst bestimmt.*

Es würde nun ein völliges Mißverständnis dieser Grundcharakteristik des Menschen bedeuten, wenn man gegen sie einwendete, sie stelle die typisch »westliche« »individualistisch-liberalistische« Auffassung dar, die den Menschen als Einzelwesen isoliert ins Auge faßt und ganz übersieht, daß er ein Gemeinschaftswesen ist, das alles, was ihm an Fähigkeiten zukommt, dem Leben in der Gemeinschaft verdankt; und wenn man ihm nun die entgegengesetzte, »universalistische« oder »sozialistisch-kommunistische« Auffassung des Menschen gegenüberstellte, die ihn als dieses Gemeinschaftswesen begreift. Denn ein *Gemeinschaftswesen* im *menschlichen* Sinne zu sein, bedeutet etwas ganz anderes, als ein *Gattungswesen* in der Art des Tieres zu sein. Weil das Tier bloßes Gattungswesen ist, darum kennt es die Polarität des *Einzelnen* und der *Gemeinschaft* gar nicht. Diese Polarität tritt erst innerhalb des Menschlichen auf, und sie ist gerade in dem Individualitätscharakter desselben begründet. Wirkliche Gemeinschaft gibt es nur zwischen Individualitäten. Der Individualitäts-Charakter des Menschen *übergreift* also die Gegensätzlichkeit des Einzelnen und der Gemeinschaft. Er schließt diese beiden Pole in sich ein. Dies wird sogleich deutlich, wenn wir darauf hinblicken, *wie* er im menschlichen Leben zum Ausdrucke kommt.

Er zeigt sich nämlich in der Weise, daß, im Unterschied vom Tiere, das alle die für seine Gattung typischen Fähigkeiten als Geschenke derselben bereits fertig durch die Geburt mit ins Dasein bringt, der Mensch alle wesentlich menschlichen Fähigkeiten sich *selber erwerben* muß, angefangen von der urtümlichsten und frühesten: dem aufrechten Stand und Gang bis hin zu all den speziellsten Fähigkeiten, die er im weiteren Verlauf seines Lebens sich aneignen mag. Dadurch aber bekommt die Aneignung und Betätigung derselben bei *jedem* Menschen eine *eigene, besondere Note,* wenn diese auch bei manchen dieser Fähigkeiten sich nur leise angedeutet zeigt.

Diese Grundeigentümlichkeit des Menschen kann nun auch dahin gekennzeichnet werden, daß er allein der *Erziehung fähig,* aber auch, um das zu werden, wozu er veranlagt ist, der *Erziehung bedürftig* ist, – während dagegen das Tier zu dem, was es sein kann, durch die *Natur* gemacht wird. Das Tier kann nicht erzogen, – es kann nur abgerichtet, *dressiert* werden. *Alle* Dressur besteht aber darin, daß dem Tiere dadurch, daß sein Leben bestimmten Bedingungen unterworfen wird, auf dem Wege der Gewöhnung an diese ein bestimmtes Verhalten von außen aufgeprägt wird.

Die Erziehung dagegen besteht in der Kunst, aus dem Innern des Menschen bestimmte Fähigkeiten »herauszuholen«, das heißt bestimmte zunächst schlummernde Anlagen zur Entfaltung zu bringen. Sie kann dem Menschen nichts geben, was er nicht, wenigstens der Anlage nach, schon »hat«. Sie ist allerdings, um dies zur Entwicklung zu bringen, auf sein *übendes Mittun,* in welcher Form immer, angewiesen. Sie ist ein viel innerlicherer Vorgang als die Dressur. Sie richtet sich unmittelbar auf die Individualität des Zöglings, an die sie appelliert und die auf sie reagiert; und daß auf der anderen Seite zur Erziehung die Individualität des Erziehers – der Eltern oder des Lehrers – gehört, das zeigt schon, inwiefern der Mensch nur durch die »Gemeinschaft« zum vollen Menschen zu werden vermag.

Weil aber der Mensch in dem soeben charakterisierten Sinne alle seine menschlichen Fähigkeiten dennoch nur durch sich selbst zur Entfaltung bringen kann, darum ist »*Menschwerdung*« überhaupt gleichbedeutend mit *individueller Ausprägung des Menschlichen.* Sie kann gar nicht anders als in individueller Form, in je einmaliger Darstellung zustande kommen. Diese bedeutet aber die Ausbildung der jeweiligen Individualität als solcher; denn die letztere hat keinen andern Inhalt als das wesentlich Menschliche. Weil diese Ausbildung aber auf dem Wege der Erziehung – durch »Übung« im weitesten Sinne – erfolgt, darum geschieht sie wesentlich in der Zeit. Denn mit aller Übung ist das Moment der Wiederholung, des Fortschrittes durch Erfahrung, ferner dasjenige der Umwandlung eines Wissens in ein Können verbunden, welche an bestimmte zeitliche Rhythmen gebunden ist. Darum ist für das menschliche Leben – insoweit es eben »menschlich« ist – von größerer Bedeutung als die räumliche Umgebung, in der es sich abspielt, die Tatsache, daß es in der *Zeit* verläuft. Seine *Zeitlichkeit* ist denn auch innerhalb der gegenwärtigen Philosophie von *Martin Heidegger* in eindringlicher Art als sein wesentlichstes Merkmal geltend gemacht worden. Als in der Zeit verlaufendes bildet es das Medium, in welchem die Ausbildung der Individualität zum Menschen beziehungsweise die Ausgestaltung des Menschlichen in individueller Form stattfinden kann. So wie es für die Beschreibung einer bestimmten Tiergattung wesentlich ist, den *Raum* mitzubeschreiben, in welchen als in ihre Umwelt sie hineinorganisiert ist und in welchem sie ihre Eigenart entfaltet, so ist es für die Darstellung des »Menschlichen« wesentlich, die *Zeiträume* zu schildern, in deren Folge es zur Entfaltung kommt, beziehungsweise in welche sich seine Entfaltung gliedert. Und eine solche Gliederung ergibt sich dadurch, daß die Bedingungen der Erziehung als des Mittels der Menschwerdung sich im Verlauf des Lebens gesetzmäßig in bestimmten regelmäßigen Rhythmen wandeln.

Gehen wir ins Konkrete, so teilt sich das menschliche Gesamtleben von diesem Gesichtspunkt aus zunächst in die beiden Hauptabschnitte der Zeit des *Heranwachsens* und derjenigen des *Erwachsenseins*. Die erstere ist das Alter der *Fremderziehung,* der Erziehung durch Andere, – die letztere dasjenige der *Selbsterziehung.* Freilich ist der Übergang von jenem zu diesem kein schroffer, sondern ein allmählicher. Auch in der ersten Phase gehört ja zur Erziehung – wir wir sahen – von allem Anfang die Mitwirkung des Zöglings. Doch ist diese in der Kindheit noch eine unbewußte, wandelt sich erst allmählich in eine bewußte und nimmt als solche an Bedeutung immer mehr zu, – während dagegen der äußere Erzieher an Wichtigkeit im selben Maße schrittweise verliert. Mit der Erlangung der Volljährigkeit ist der Mensch dann zwar grundsätzlich dazu reif geworden, seine Erziehung nun in die eigene Hand zu nehmen. Doch können auch in den 20er Jahren namentlich von bedeutenden Persönlichkeiten seiner Umgebung noch starke erzieherische Einflüsse auf ihn ausgeübt werden.

Nun lassen sich aber innerhalb dieser beiden Hauptphasen des Lebens wieder kleinere Abschnitte unterscheiden, in denen die Erziehungsbedingungen sich zwar in geringerem Grade, aber doch in deutlicher Art verändern. Wir fassen zunächst jene ins Auge, die der Zeit des Heranwachsens angehören. Sie sind die auffälligsten und daher schon immer in gewisser Weise beschrieben und berücksichtigt worden. Exakteste und eingehendste Darstellung haben sie aber erst von seiten der anthroposophischen Geisteswissenschaft erfahren.[9]

Es handelt sich hierbei um drei je etwa 7jährige Perioden: von der Geburt bis zum Zahnwechsel, von da bis zur Geschlechtsreife, von da bis zum Erwachsensein. Gemäß den leiblich-physiologischen Wandlungen, die da von Periode zu Periode auftreten, verändern sich auch die Bedingungen des Erziehungsprozesses in bestimmter Folge.

In dem Maße, als das Kind aus dem Schlummer des Säuglingsalters erwacht, betätigt es sich vor allem als ein *Willenswesen* und findet sich zunächst durch die von seinem Willen impulsierte *Nachahmung* dessen, was die Erwachsenen in seiner Um-

---

[9] Siehe Rudolf Steiner: *Die Erziehung des Kindes vom Gesichtspunkte der Geisteswissenschaft;* ders.: *Die geistig-seelischen Grundkräfte der Erziehungskunst;* ders.: *Die pädagogische Praxis vom Gesichtspunkte geisteswissenschaftlicher Menschenerkenntnis.*

gebung tun und an es heranbringen, in die physische Welt herein. Nachzuahmen vermag es seine mitmenschliche Umgebung andererseits auch deshalb, weil es da seiner *Umwelt* durch seine *Sinne* so völlig hingegeben ist, daß es in gewissem Maße noch eine *Einheit* mit ihr bildet. Nachahmend lernt es sich aufzurichten und zu gehen, nachahmend erwirbt es vor allem die Sprache, nachahmend aber lebt es sich auch in viele Tatbestände der Welt ein, in die es durch die Geburt eingetreten ist, – so, wenn es auf dem Sandhaufen spielend Burgen auftürmt und Tunnels bohrt oder Flußbetten gräbt, wenn es seine Puppe bekleidet oder mit dem Puppengeschirr Kuchen bäckt, oder wenn die Knaben – wie früher mit Soldaten und Kanonen – so heute mit Eisenbahnen, Autos und Flugzeugen spielen, welche die Eltern im Spielwarengeschäft gekauft haben. Zugleich erobert es sich durch Laufen, Seilspringen und Reigentanz, indem es Verstecken und Suchen spielt, mit Bällen oder Ballonen sich vergnügt, den *Raum* und seinen eigenen Leib, insofern es durch seine Gestalt und seine Gliedmaßen in jenen hineinorganisiert ist. Von innen gesehen aber ist sein Erleben im Ganzen – auch wenn es noch keine Gottesvorstellung besitzt – ein *religiös-moralisches*. An seinen Eltern und den Erwachsenen überhaupt bildet sich zuerst eine Gottesvorstellung aus. Was diese tun, wird von ihm selbstverständlich als das Gute und Rechte empfunden, und die Liebe, mit der sie es umgeben, empfindet es als die Garantie des Vorhandenseins eines »lieben Gottes« beziehungsweise als die Gewähr dafür, daß die Welt gut ist. Dieser Liebe bedarf es als der sein seelisches Leben ermöglichenden Wärme, wie es der physischen Wärme für die Erhaltung seines leiblichen Lebens bedarf. So ist auch sein Urteil über alles, was geschieht, wesentlich ein solches nach moralischen Kategorien, was zugleich eine Vermenschlichung auch des Nicht-Menschlichen: von Gegenständen, Pflanzen, Tieren bedeutet. Seine hauptsächlichen Unterscheidungen beziehen sich auf das, was man tun und was man nicht tun darf. Die Erziehung in diesem Alter ist deshalb dann die richtige, wenn sie der religiös-moralischen Nuancierung seines Weltempfindens Rechnung trägt – nicht durch das Erteilen allgemeiner Moralgebote, sondern durch ein Tun und Verhalten, das berechtigterweise nachgeahmt werden darf. Weil die Nachahmung der Umwelt wesentlich im Elemente des *Spiels* erfolgt, das noch nicht den Ernst der Realität zeigt, darum bedeutet noch die phantasievolle Vorstellung beziehungsweise Umbildung der letzteren ein wesentliches Element desselben. Und weil die Erscheinungen der Welt noch als Gleichnisse, als Bilder dessen erlebt werden, was ihr Wesen ausmacht, darum entspricht diesem Bewußtsein als geistige Nahrung das Märchen, das ganz im Elemente des Sinnbildes sich bewegt, in dem die Welt noch als Bild erscheint.

Wenn heute im Vorschulalter, das heißt im Kindergarten oder in der Vorschule, zu der dieser umgewandelt wurde, schon an die Fähigkeit appelliert wird, in abgezogenen Begriffen sich zu bewegen, so führt man zur Begründung hierfür die *Akzeleration* an, die heute als ein Faktum in der Entwicklung der Kinder bestehe. Diese Akzeleration gestatte, ja verlange, die intellektuellen Fähigkeiten schon in diesem Alter schulisch anzusprechen. Eine solche Akzeleration liegt zweifellos vor. Sie hat aber ihren Grund darin, daß die Kinder heute, auch ganz abgesehen von ihrer erzieherischen Behandlung, schon in den ersten Lebensjahren – durch die technischen Instrumentarien einschließlich der Massenmedien, die heute in jedem Haushalt im Gebrauch sind, – durch die technischen Spielzeuge, die ihnen zur Verfügung gestellt werden, durch die technischen Verkehrsmittel usw. in eine Welt von Geräten hineinwachsen, die Schöpfungen des menschlichen Intellekts sind. Und da sie eben im Vorschulalter ihre Umwelt nachahmen, so wird durch den Umgang mit diesen Apparaturen ihr Intellekt vorzeitig erweckt, das heißt aus dem Verband mit den übrigen Seelenkräften, in dem er sich in diesem Alter noch befindet, losgelöst und kann deshalb als solcher angesprochen werden. Diese durch unsere technisierte Umwelt schon im Kindesalter bewirkte Verfrühung intellektueller Betätigung hat dann aber eben jenes Erstarren im Fertigsein schon in der Lebensmitte, jenes Unvermögen, im geistigen Sinne alt zu werden, zur Folge, das, wie geschildert, zum immer ausgeprägteren Grundmerkmal der Menschen unseres Jahrhunderts geworden ist. Es sollte darum durch die Erziehung nicht noch gesteigert, sondern im Gegenteil ausgeglichen werden durch eine den *eigentlichen* Bedingungen des Kindesalters entsprechende Pädagogik.

Mit dem Zahnwechsel erlangt das Kind die Schulreife. Denn gegenüber der Sinneswahrnehmung erstarken in seiner Seele jetzt die Kräfte der *Vorstellung* und des *Gedächtnisses* und bewirken dadurch einen ersten Grad ihrer *Verinnerlichung*. Der Entwicklung dieser neu erwachten Fähigkeiten dient im wesentlichen der Unterricht in Lesen, Schreiben und Rechnen. Denn das Spiel des vorangegangenen Lebensabschnittes hat sich nun in die schulende Übung von Fähigkeiten umzuwandeln. Andererseits tritt an die Stelle des nach außen gerichteten Willens als maßgebende Kraft jetzt das *Gefühl*. Darum erwacht im Kinde nun der Drang, sich künstlerisch im Singen, Rezitieren, Malen, Zeichnen, Plastizieren zu betätigen, das Schöne zu bilden und auch die Welt in der Schönheit ihrer vielfältigen Erscheinungen zu erleben. In all dem bedarf es der Führung durch den Erzieher. Was aber jenes Bedürfnis kennzeichnet, das ist das Verlangen, in dem Erzieher die *Autorität* zu finden, die durch ihr Können die entsprechenden Fähigkeiten menschlich repräsentiert. Und das erzieherische Geschehen wird sich umso wirkungsvoller gestalten, je mehr der Lehrer durch seine menschlichen Qualitäten und sein pädagogisches Können die in Selbstverständlichkeit verehrte Autorität sein kann. In der Wärme der Liebe und Verehrung, die ihm entgegengebracht wird, blühen die Seelen- und Gemütskräfte auf, die gerade in diesem Lebensalter im Kinde sich entfalten wollen.

Mit diesen Bildungsbedürfnissen des zweiten Lebensjahrsiebents steht in krassem Widerspruch die *Verwissenschaftlichung* des gesamten Schulunterrichts bis in die untersten Stufen hinunter, die heute zum bestimmenden Prinzip der Lehrtätigkeit erhoben wird. Sie führt zur fortschreitenden Verödung und Austrocknung des Seelenlebens der Jugendlichen. Denn sie hat eine einseitige Kultivierung der intellektuellen Fähigkeiten zur Folge, welche heute mit Begabung schlechthin identifiziert werden. Und da die »*Chancengleichheit*«, die heute als ein zweites Hauptpostulat gilt, nur auf die Ausbildung *dieser* Fähigkeiten bezogen wird, so führt sie in Wirklichkeit zur Selektion einer intellektuellen Elite, der gegenüber alle anderen Begabungen zu kurz kommen. Eine gewisse Berechtigung kommt dagegen der Idee der *Gesamtschule* zu, sofern sie als Einheitsschule für Kinder aus allen gesellschaftlichen Kreisen und für beide Geschlechter verstanden wird. Denn bis zur Pubertät bedarf der Heranwachsende einer rein menschlichen Bildung *aller* seiner Kräfte, auf die deshalb auch alle in gleicher Weise Anspruch haben. Da es im zweiten Lebensjahrsiebent aber wesentlich um die Entwicklung von Fähigkeiten geht, deren Erwachen an Altersstufen gebunden ist, so verfehlt die Gesamtschule das *diesem* Lebensalter angemessene Bildungsziel, wenn sie anstelle der Jahrgangsklassen Leistungsgruppen setzt und ihren Lehrplan nach verschiedenen Bildungsrichtungen differenziert.

Erst mit der Erlangung der Pubertät erwacht im heranwachsenden Menschen die Fähigkeit *selbständigen Denkens und Urteilens.* Damit geht ein weiterer Schritt seiner *Emanzipation* gegenüber seiner Umwelt Hand in Hand. Alle ihm zuteil werdende Belehrung muß darum nun einen anderen Charakter annehmen, als sie ihn bis dahin getragen hat. Sie darf nicht mehr in autoritativer Weise Behauptungen aufstellen, sondern sie muß ihre Inhalte so darstellen, daß sie vom Schüler restlos *verstanden* werden können, – und sie muß sie so *entwickeln* und *begründen,* daß sie vor seiner eigenen Urteilsraft bestehen können. Ein bloß gedächtnismäßiges Speichern von Wissensstoff, von Informationen entspricht nicht dem, was er auf dieser Altersstufe an Bildung braucht. Das gilt insbesondere von den Ergebnissen der modernen wissenschaftlichen Forschung. Für ihr Verständnis hat der Heranwachsende nun die innere Reife erlangt. Aber es gilt, sie nicht nur in ihren begrifflich formulierten Endresultaten zu vermitteln, sondern aus der Anschauung der betreffenden Phänomene heraus zu entwickeln. So falsch es wäre, auf dieser Altersstufe noch eine »autoritäre« Erziehung zu praktizieren, ebenso verkehrt wäre freilich auf der der Pubertät vorangehenden Stufe eine »antiautoritäre« Erziehung im Sinne des modisch gewordenen Schlagworts.

Eine von den geschilderten Gesichtspunkten bestimmte Schulerziehung ist aus den Forschungsergebnissen der anthroposophischen Geisteswissenschaft heraus nicht nur als Idee oder Forderung entwickelt, sondern auch als Methode ausgearbeitet und in pädagogischer Praxis verwirklicht worden in der *anthroposophischen Schulbewegung,* die mit der Begründung der *Freien Waldorfschule* in Stuttgart im Jahre 1919 ins Leben gerufen wurde. Dieser ersten Schulgründung sind in den mehr als 50 Jahren, die seitdem vergangen sind, über hundert weitere gefolgt, nicht nur in der Deutschen Bundesrepublik, sondern auch in den meisten anderen europäischen Staaten und in Ländern aller fünf Erdteile. Diese Schulbewegung stellt den bedeutendsten und – wie ihre bisherigen Erfolge zeigen – fruchtbarsten neuen Einschlag in das Erziehungswesen dar, der seit den Bemühungen Pestalozzis um eine »Menschenschule« hervorgetreten ist.[10]

Die Rudolf Steiner-Schulen umfassen, soweit sie voll ausge-

---

[10] Siehe hierzu Johannes Kiersch: *Die Waldorfpädagogik. Eine Einführung in die Pädagogik Rudolf Steiners;* Wilhelm Rauthe: *Die Waldorfschule als Gesamtschule.*

baut sind, zwölf Klassen, also die Altersstufe vom 7. bis zum 19. Jahr. Es entspricht dies dem Umstand, daß der Mensch bis zu seiner Mündigwerdung hin der Fremderziehung bedürftig ist. Er kann deshalb nur, wenn er in all den Kräften »gebildet« worden ist, die der Reihe nach in den drei Jahrsiebenten seines Heranwachsens in ihm erwacht sind, als voll entwickelte Persönlichkeit in sein Erwachsenenalter eintreten. Das bedeutet aber, daß zu den großen pädagogischen Forderungen der nächsten Zukunft die Ausdehnung der Schulerziehung auf 12 Jahre für *alle* Heranwachsenden gehört. Nur dadurch wird der Prozeß der Entmenschlichung des Menschen, den die neueste Zivilisation mit sich gebracht hat und immer weiter vorantreibt, aufgehalten beziehungsweise in einen solchen der Vermenschlichung umgewendet werden können. Die heutige Wirtschaft mit ihrer ständig sich verkürzenden Arbeitszeit würde das durchaus ermöglichen.Es ginge nur darum, die zunehmende arbeitsfreie Zeit zwischen den Erwachsenen und den Heranwachsenden anders zu verteilen.

Heute wechselt noch der größere Teil der reiferen Jugend bereits im Pubertätsalter von der Schule in die Berufs- beziehungsweise Erwerbstätigkeit hinüber. Damit wird ihr aber ein wichtiges Teilstück der Erziehung vorenthalten. Gewiß geht neben der Erwerbstätigkeit noch eine mehrjährige Berufsausbildung einher. Aber diese ist heute meistenteils noch viel zu eng spezialisiert, als daß sie die Bildungsbedürfnisse befriedigen könnte, die der junge Mensch in diesem Alter mit Recht hat. Sie gehen, wenn auch nicht immer voll bewußt, nach einer gewissen Orientierung über allgemeinste Fragen des menschlichen Daseins wie etwa die Stellung des Menschen im Kosmos, sein Verhältnis zur natürlichen und zur geistigen Welt, nach dem Sinn des geschichtlichen Werdens, der Bedeutung der Kunst für das menschliche Dasein, der gerechten Ordnung der Gesellschaft, nach dem Wert der Technik usw. – kurz: nach all dem, was man früher »allgemeine Bildung« genannt hat. Denn in diesem Lebensalter ist es, wo der Mensch die Fundamente legt oder legen möchte zu dem, was als »Weltanschauung« dann durch sein weiteres Leben für ihn bestimmend ist oder von ihm ausgestaltet wird. Noch bis ins 19. Jahrhundert hinein enthielt der Lehrplan der Oberklassen der Mittelschulen – im Hinblick auf diese Erziehungsforderung – das Fach »Philosophie« oder »Logik«. Erst in der neuesten, so sehr dem Praktischen und Nützlichen ergebenen Zeit wurde dieses Fach abgeschafft, da man sich von ihm keinen »Nutzen« mehr versprechen konnte. Und im Mittelalter war unter den vier Fakultäten der Universiät die philosophische oder Artistenfakultät – wie sie damals auch hieß – den drei anderen noch nicht neben-, sondern untergeordnet als eine Vorschule der allgemeinen philosphischen Bildung. Durch sie mußte jeder Student hindurchgehen, bevor er in eines der drei Spezialstudien eintreten konnte. Nach dem Zweiten Weltkrieg ist – als eine Art Erneuerung derselben – an vielen Universitäten ein »studium generale« eingerichtet worden, das den Studenten, allerdings nur neben ihrem Spezialfachstudium, zwecks Allgemeinbildung einen Einblick in oder Überblick über verschiedenste andere Gebiete ermöglichen sollte. Es war diesem Versuch aber keine merkbare Wirkung beschieden, da die Spezialisierung der wissenschaftlichen Forschung heute einen solchen Grad erreicht hat, daß weder ein Überblick über das Ganze derselben gewonnen noch auch eine innere Beziehung zwischen den verschiedenen Fächern mehr hergestellt werden kann. Auch dies könnte in Zukunft nur von einer Wissenschaft vom Menschen her geleistet werden, da ja in ihm selbst – und nur in ihm – der Bezugspunkt gegeben ist, in dem alle speziellen Forschungsbemühungen ihren gemeinsamen Grund und Ursprung haben.

Mit dem Erwachsensein tritt der Mensch in das Lebensalter der *Selbsterziehung* ein. Einer feineren Lebensbeobachtung zeigt sich, daß auch *ihre* Bedingungen im weiteren Verlaufe des Lebens sich *wandeln*. Diese Wandlungen sind zwar von anderer Art, aber von nicht geringerer Bedeutung als diejenigen der drei ersten Lebensjahrsiebente. In dieser Beziehung ist zunächst auf einen wichtigsten Einschnitt hinzuweisen, der in der ersten Hälfte der 40er Jahre liegt. Ihm kommt eine so tiefgehende Bedeutung zu, daß der *Gesamtprozeß der Erziehung* des Menschen geradezu in *drei Hauptphasen* eingeteilt werden kann, deren erste von der Geburt bis in den Beginn der 20er Jahre, deren zweite von da bis in die 40er Jahre hinein und deren dritte bis ans Ende der 60er Jahre sich erstreckt. Was nach der Erreichung des 70. Lebensjahres dem Menschen an Lebensdauer vom Schicksal noch vergönnt wird, darf er als »geschenkte Jahre« betrachten. Wenn medizinische Futurologen heute für die Zukunft eine Verlängerung der durchschnittlichen Lebensdauer auf 100 bis 150 Jahre für möglich halten oder voraussagen, so liegt dem die Vorstellung einer durch biochemische Behandlung erreichbaren entsprechenden Hinausschiebung des Altersprozesses zugrunde. Ganz abgesehen davon, daß durch eine solche Lebensverlängerung zu den bereits bestehenden wirtschaftlichen und gesellschaftlichen Problemen zusätzlich noch bergeshohe weitere emporgetürmt würden, gründet diese Prophezeiung aber auch in einer völligen Verkennung der inneren Struktur des Lebenslaufs und der Gesetzlichkeit, gemäß welcher er auch seiner zeitlichen Dauer nach in die Lebensrhythmen des Kosmos eingefügt ist. Schon lange ist bekannt, daß ein 71jähriges Menschenleben an Tagen ebensoviel umfaßt wie an Jahren das Platonische Weltenjahr (ein Umlauf des Frühlingsaufgangspunktes der Sonne durch den Tierkreis): 25 920, und daß der Mensch in den 24 Stunden eines Tages durchschnittlich dieselbe Zahl von Atemzügen macht. Ein 72jähriges Menschenleben entspricht einem Tag des Platonischen Weltenjahres.

Bevor wir aber auf den Umschwung eingehen, der in den 40er Jahren erfolgt, fassen wir den Lebensabschnitt ins Auge, der ihm von der Mündigwerdung an vorangeht. Auch er gliedert sich wieder in drei Phasen, die aber zeitlich sich nicht mehr so genau voneinander abgrenzen lassen wie jene des Jugendalters, da mit dem Erwachsensein das Seelisch-Persönliche sich gegenüber dem Leibe und seinen Lebensrhythmen mehr und mehr verselbständigt.

Während der Mensch in der Zeit des Heranwachsens die äußere Welt noch unter der Führung, durch die *Vermittlung* eines Erziehers das heißt in der Form, in der sie ihm durch diesen *zubereitet* wird, in sich aufnehmen will, wird er als Erwachsener fähig, sich ihr ohne dieses Medium, unmittelbar in ihrer eigenen Gestalt, auszusetzen und sich mit ihr selbst auseinanderzusetzen. Er bedarf nicht mehr eines speziellen, einzelnen Erziehers, sondern kann jetzt die *Welt selbst,* wie sie an sich ist, sich zum Erzieher werden lassen. Und dies ist es, was der ganzen mittleren Lebensphase des Menschen überhaupt das Grundgepräge verleiht: daß seine weitere Erziehung in der Form einer *Auseinandersetzung zwischen dem eigenen Ich und der Welt,* das heißt der mitmenschlich-gesellschaftlichen Umwelt, erfolgt.

Für diese Auseinandersetzung kommen aber im ersten Jahrsiebent (etwa vom 21. bis zum 28. Jahre) vor allem die in der physischen Welt zu machenden *Wahrnehmungen, Erfahrungen, Erlebnisse* in Betracht. Es ist die Zeit der größten Empfänglichkeit für äußere Eindrücke, aber auch des stärksten Durstes nach solchen. Nicht so sehr das, was in Büchern an Lehren über die Welt gelesen werden kann, als das, was die Welt selbst an Tatsachen dem Menschen entgegenbringt, wirkt in dieser Zeit bildend auf ihn ein. Sie ist daher die geeignetste Periode des Wanderns und Reisens: die Zeit der *Wanderjahre*. Gemeinhin verläßt ja auch der Mensch mit dem Eintritt des Erwachsenseins das Elternhaus, um – vorübergehend oder dauernd – sich in die Fremde zu begeben. Andere Länder, Völker, Sitten kennen zu lernen, aber auch Vorträge bedeutender Gelehrter zu hören, musikalische oder Bühnenaufführungen zu besuchen, Kunstausstellungen und Museen zu besichtigen, sich in verschiedensten Kreisen der Gesellschaft zu bewegen, Erfahrungen im Verkehr mit dem andern Geschlecht zu machen, – all dies ist es, was den Menschen in dieser Epoche seines Lebens in seiner inneren Entwicklung weiterbringt. Und da alles sinnliche Wahrnehmen – wenn es nicht durch besondere Umstände zum Leiden gestaltet wird – an sich selbst ein Genießen ist, so darf auch gesagt werden: das Leben und die Welt zu *»genießen«,* dazu ist der Mensch in diesen Jahren am meisten geeignet und berechtigt.

Wenn – wie wir oben zu bemerken hatten – die heutige Zivilisation dem heranwachsenden Menschen zwischen dem 14. und 21. Lebensjahr an Erziehung noch vieles schuldig bleibt, so besteht nun umgekehrt für den Erwachsenen in der Zeit vom 21. bis zum 28. Jahre die Tatsache, daß der ganze Charakter dieser Zivilisation seinen Fähigkeiten und Bedürfnissen in diesem Alter aufs stärkste entgegenkommt. Es ist dies nicht nur aus dem Grunde der Fall, weil die moderne Naturwissenschaft – wie ja im letzten Kapitel schon dargelegt – auf der Sinnesbeobachtung fußt, also auf der Fähigkeit, die gerade in dem genannten Alter in ihrer Blütezeit steht. Hinzu kommt, daß durch die Errungenschaften der modernen Technik das Empfangen von äußeren Eindrücken auf Reisen, durch Ausstellungen aller Art, durch illustrierte Bücher und Zeitungen, durch Kino, Radio und Fernsehen so sehr erleichtert worden ist, ja geradezu sich aufdrängt, daß man sich ihrer kaum noch erwehren, geschweige denn sie innerlich verarbeiten kann. Unser ganzes heutiges Leben ist auf »Sensationen« eingestellt, und diese stürmen in solchem Übermaß auf den Menschen ein, daß er gleichsam von ihnen betäubt wird. Hierdurch wird jenes Grundfaktum der Gegenwart, auf das im vorigen Kapitel ebenfalls schon hingewiesen wurde, noch besonders gefördert, daß ein stets zunehmender Teil unserer Zeitgenossen über die innere Reife von 27 bis 28 Jahren überhaupt nicht hinauskommt, sondern sein ganzes weiteres Leben hindurch auf dem seelischen Entwicklungsniveau dieses Alters stehen bleibt. Denn dieser gegenwärtige Zivilisationsbetrieb hat zugleich zur Kehrseite, daß er, so große Möglichkeiten er gewährt, die Bedürfnisse des ersten Jahrsiebents des mittleren Lebensdrittels zu befriedigen, für das, was den Menschen im folgenden Lebensabschnitt in seiner inneren Entwicklung weiterbringt, ihm so gut wie gar keine Hilfe bietet. Er verschafft ihm zwar immer wieder neue Sinneseindrücke, bietet ihm aber kaum eine Möglichkeit und läßt ihm kaum eine Zeit, diese innerlich *denkend* zu *verarbeiten*.

Gerade dies aber ist es, wodurch er im Alter von etwa 28 bis 35 Jahren innerlich allein weiterkommt. Aus seinen Erfahrungen Einsichten zu gewinnen, die erlangten Kenntnisse in *Erkenntnisse* zu verwandeln, aus seinen Erlebnissen Schlüsse, Folgerungen, Lebenskonsequenzen zu ziehen und Grundsätze für sein künftiges Verhalten auszubilden, – das sind die Forderungen *dieses* Lebensalters. Da sie die Entfaltung einer gewissen inneren Aktivität verlangen, kann man auch sagen, daß die Selbsterziehung im eigentlichen Sinne erst jetzt beginnt. Und wie das vorangehende Jahrsiebent berechtigterweise im Zeichen des – heiteren – Lebensgenusses steht, so dieses im Zeichen des Ernstes und der Strenge in der Erfüllung seiner Pflichten. Wie diese Forderungen in weltgeschichtlich vorbildlicher Weise in neuerer Zeit durch Goethe und Schiller in den betreffenden Epochen ihres Lebens erfüllt worden sind, wurde ja im letzten Kapitel geschildert. Aber auch in den Lebensläufen anderer bedeutender Persönlichkeiten der neueren Geschichte, die in besonderem Maße paradigmatischen Charakter tragen, lassen sich ähnliche Tatsachen aufweisen. Solche Lebensläufe sind zum Beispiel derjenige Napoleons und in noch höherem Grade derjenige Richard Wagners. Napoleon betrat, nachdem er sich bis dahin als Anhänger der Revolution in ihrem Dienste betätigt hatte, mit 28 Jahren im Jahre 1797 mit der Übernahme des Oberbefehls über die italienische Armee im ersten Koalitionskrieg seine Laufbahn als Feldherr und Staatsmann auf der Bühne der Weltgeschichte. Die militärisch-politische »Schulung«, die er mit ihr durchlief, führte ihn nach 7 Jahren auf den französischen Kaiserthron. Richard Wagner schlug, nachdem er bis dahin Opern im Stile der damaligen Zeit geschrieben hatte, am Ende seines vierten Lebensjahrsiebents mit der Schöpfung des »Fliegenden Holländers« eine ganz neue Bahn des musikalisch-dramatischen Schaffens ein, die ihn im Verlaufe des folgenden Jahrsiebents zur vollen Ausgestaltung der neuen Kunstform des »Musikdramas« führte.

Noch mehr als dem dritten Lebensjahrsiebent des Menschen bleibt die moderne Zivilisation an erzieherischer Hilfe diesem fünften schuldig. Aus der Erkenntnis dieses Tatbestandes heraus ist seit den Tagen Pestalozzis und insbesondere seit dem bahnbrechenden Wirken Grundtvigs das Volksbildungs- und Volkshochschulwesen in seinen verschiedenen Formen entstanden und hat im Laufe eines Jahrhunderts in den verschiedenen Ländern Europas eine vielfältige, in große Breite gehende Entwicklung erfahren. Bedeutendes ist auf diesem Gebiete geleistet worden, und es kann sich hier nicht darum handeln, an diesen Leistungen Kritik zu üben. Es ist klar, daß diese »Erwachsenenbildung«, (education permanente) je nach Volkscharakter und soziologischer Konfiguration in der mannigfaltigsten Art erfolgen kann. Anerkannt muß auch werden, daß heute auch durchaus schon gesehen wird, daß es mit bloßer Wissensvermittlung auf diesem Gebiete nicht getan ist, sondern daß es vor allem darauf ankommt, zur *Verarbeitung* des Wissens, zur *inneren Aktivität* anzuregen. Mit Recht schreibt H. Hanselmann in seinem schon mehrfach erwähnten hervorragenden Buche »Andragogik«: »Aufnehmen, Verarbeiten und Ausgeben, das ist der dreieinheitliche Grundprozeß des menschlichen Seelenlebens und die unerläßliche Voraussetzung aller seelischen Entwicklung«, und weiter: »Uns scheint, daß vor allem die Seite des verarbeitenden Ausgebens heute am meisten leidet, das heißt zu kurz kommt.« Und er weist in diesem Zusammenhang vor allem auf die große Bedeutung hin, die der *künstlerischen* Betätigung für die Aktivierung des Seelenlebens zukommt. Und ferner auf die Wichtigkeit, die dem *Gespräch* – als Zwiegespräch oder als Aussprache und Diskussion innerhalb einer Gruppe – beigemessen werden muß. Denn »Erwachsene wollen gar nicht mehr erzogen *werden*«; sie bedürfen lediglich der Anregung zur *Selbst*erziehung, – und es gibt wohl kaum ein wirksameres Mittel einer solchen als eben das Gespräch.

In ähnlichem Sinne äußerte sich auch der bekannte Schweizer Volkspädagoge *Fritz Wartenweiler* in seinem Buche *Erwachsenenbildung gestern – heute – morgen* (1949) über deren Aufgaben. »Wahre Bildung ist *Bildung der Kräfte*. Nicht das Ergebnis ist wichtig, sondern die Arbeit, die dazu führt. Es geht nicht darum, Wissen zu vermitteln, sei es noch so wertvoll. Am wenigstens bildend wirkt die als Bildungsbestreben getarnte Bemühung, seine eigene Überzeugung andern beizubringen. Die Aufgabe heißt vielmehr: in den Erwachsenen, die nach Bildung streben, die Fähigkeiten entwickeln helfen, die ihnen ein Leben in geistiger Selbständigkeit möglich machen ... Richtige Bildungsarbeit entwickelt so viel wie möglich die Fähigkeit zum eigenen *Beobachten*. Das wird verhältnismäßig am ehesten gelingen bei der Betrachtung menschlicher Dinge. Am meisten Schwierigkeiten bereiten die modernen Naturwissenschaften, aufgebaut wie sie sind auf einer gewaltigen Experimentier-Tätigkeit und riesigen Denkarbeit. Soll das Beobachten und das Beobachtete der Bildung dienen, dann muß es *verarbeitet* werden. Unerläßlich ist also eine Ausbildung der Fähigkeit zum *Denken,* die in der Schule für Kinder und Jugendliche zwar vorbereitet, aber nicht durchgeführt werden kann. Weil Erwachsenenbildung nur ausnahmsweise in langen, systematisch aufgebauten Lehrgängen erfolgt, gehört zu jedem Kurs für Erwachsene eine Anleitung in elementarer Logik. Zu fördern sind aber nicht nur die Kräfte des Verstehens. Ebenso wichtig ist die *Vertiefung, Verfeinerung* und *Veredlung des Gemütes* ... Die angemessenste Form wirksamer öffentlicher Erwachsenenbildung ist demnach nicht der einseitige Vortrag, sondern die *Arbeitsgemeinschaft* derer, die Erwachsene bilden, und derer, die sich bilden lassen wollen. Die Kunst des Bildners besteht also nicht so sehr im Darbieten als im Anleiten zur Verarbeitung.

Ein großer Teil unserer heute hier geleisteten Tätigkeit ist von ihrem Ziele noch weit entfernt. Wir Arbeiter auf diesem Gebiete haben das Entscheidende erst noch zu lernen ... Das beste Kennzeichen für wirkungsvolle Erwachsenenbildung besteht darin, daß der ›Gebildete‹ erfaßt, wie sehr seine besten Kräfte der Bildung weiterhin bedürfen – bis ins höchste Alter hinein.«

So richtig dies alles ist, – eines wird heute durchwegs noch zu wenig gesehen: daß der *Weltanschauungsuntergrund* des gegenwärtigen Geisteslebens – sei es ein religiöser oder ein naturwissenschaftlicher – nicht in der Lage ist, den Volks- beziehungsweise Erwachsenen-Bildungsbestrebungen diejenige innere Wirkungskraft zu verleihen, welche die Entwicklungslage der modernen Menschheit verlangt. Der religiös geartete aus dem Grunde nicht, weil auf ihm – wie er konfessionell im einzelnen auch gefärbt sein mag – der Mensch doch immer nur als das *Kind* Gottes oder als das der »Sünde« unterworfene Geschöpf erscheint, das nicht der »Selbsterlösung« fähig ist, sondern der göttlichen »Führung« und »Gnade« bedarf, um des »Heiles seiner Seele« teilhaftig zu werden. Der naturwissenschaftlich geartete aber deshalb nicht, weil von ihm aus gerade das nicht zureichend erfaßt werden kann, was den Menschen über das Bestimmtsein durch Vererbung und Milieu hinaushebt und ihn zu einem *freien,* sich selbst bestimmenden Wesen macht. Die notwendige impulsierende Kraft wird die Erwachsenenbildung erst erlangen, wenn sie von einem *Menschenbilde* getragen sein wird, welches in vollem Umfang und in bestimmter Weise sowohl die Menschheit wie auch den einzelnen Menschen als in Entwicklung befindliche Wesen erkennen läßt und auch konkrete Vorstellungen darüber vermittelt, *wie* diese Entwicklung bewerkstelligt werden kann, und welche Schritte sie sowohl als geschichtliche in unserer Epoche wie als individuelle in den verschiedenen Lebensaltern erfordert. Nur von daher werden in vollem Maße die Hilfsmittel gewonnen werden können, deren der Erwachsene zur Impulsierung seiner Selbsterziehung bedarf. Selbstverständlich werden auch sie in den verschiedensten Formen der wissenschaftlichen Darstellung, der künstlerischen Betätigung, des Gesprächs, der Gemeinschaftsarbeit usw. zu entwickeln sein, die sich aus der jeweiligen Situation heraus empfehlen. Nicht zum wenigsten aber werden zu den Erkenntnisinhalten, welche eine solche Erwachsenenbildung zu bieten hat, auch Darstellungen des menschlichen Lebenslaufs selbst gehören, in deren Lichte er als der fortschreitende Entwicklungs- und Erziehungsprozeß erscheint, der er ist.

Nehmen wir an, ein Mensch habe in dem zuletzt besprochenen Lebensabschnitt seine bisherigen Erfahrungen in hinreichendem Maße innerlich verarbeitet, dann wird es ihm möglich, in der *Mitte der 30er Jahre* in der Welt das zu leisten beziehungsweise der Welt das zu geben, was er ihr als seine *eigenste, individuellste Gabe oder Leistung* zukommen zu lassen vermag. Bisher war er noch immer ein Nehmender, ein Empfangender; jetzt erst wird er in der Art ein Gebender, ein Schenkender, daß er ein im vollen Sinne Eigenes, Individuelles hervorbringen kann. Von diesem Gesichtspunkt aus betrachtet, stellt die Mitte der 30er Jahre – die ja auch der Mitte der durchschnittlichen menschlichen Lebensdauer entspricht – die entscheidendste

Umwälzung und *Richtungsänderung* im ganzen menschlichen Lebenslauf dar. Bis dahin hat der Mensch die äußere Welt in sich hereingenommen, verarbeitet, »versubjektiviert«; von jetzt an beginnt seine innere Welt in die äußere Erscheinung zu treten, sich zu »verobjektivieren«. Bisher hat *er* sich mit der *Welt* auseinandergesetzt; jetzt kann die *Welt* beginnen, sich mit *ihm,* das heißt mit seiner Leistung auseinanderzusetzen. Und damit ist auf die Bedingungen hingewiesen, die den weiteren Fortgang seiner Selbsterziehung in dem nun folgenden Jahrsiebent: etwa vom 35. bis zum 42. Lebensjahre bestimmen. Auf die Reaktion hinzuschauen, die seine Leistung in der Welt hervorruft, – auf das Echo hinzuhören, das ihm auf seine Schöpfung aus der Welt entgegentönt, – an ihnen den Wert oder Unwert seiner eigenen Leistung zu prüfen, – durch diesen Widerhall sich in seinem Wirken korrigieren zu lassen: darin besteht dasjenige, was ihm in diesem Alter einen weiteren Fortschritt in seiner Selbsterziehung bringen kann. Auch hierbei kommt es wieder in der Hauptsache darauf an, *Erfahrungen* zu machen; jetzt aber in umgekehrter Richtung, als sie in der Epoche zwischen 21 und 28 Jahren gemacht wurden. Damals blickte der Mensch gleichsam vom Mittelpunkt seines eigenen Wesens in den Umkreis der Welt hinaus, um aus ihr Eindrücke zu empfangen. Jetzt muß er vom Umkreis her, mit den Augen der Welt selbst, auf das hinblicken lernen, was aus dem Innern seiner eigenen Persönlichkeit ans Licht des Tages hervorgetreten ist. Er muß sich selbst gewissermaßen von außen betrachten lernen. Die bisherige Art seines Erlebens muß eine völlige *Umstülpung* erfahren. Er muß in diesem Alter den Anfang damit machen, von seiner Persönlichkeit loszukommen. Im Hinblick auf all dies dürfen die Jahre vom 35. bis zum 42. Lebensjahr als die Zeit der intensivsten *Selbstprüfung* bezeichnet werden.

Es leuchtet wohl ein, daß wir, zu je höheren Stufen wir in der Betrachtung des menschlichen Lebenslaufes aufsteigen, umso mehr in Regionen der inneren Entwicklung eintreten, die in vollem Maße nicht mehr vom »Durchschnitt« der Menschen, sondern nur von Persönlichkeiten durchlaufen werden, die mit einer starken Individualkraft ausgestattet sind und über eine große geistige Energie verfügen. Daher wird man Beispiele für diese Entwicklungsschritte vornehmlich im Leben hervorragender Persönlichkeiten finden.

Hier darf wohl an erster Stelle darauf hingewiesen werden, wie der größte Dichter des christlichen Mittelalters: *Dante,* jene Wanderung durch die drei Reiche der jenseitigen Welt: Inferno, Purgatorio, Paradiso, die er in seiner Göttlichen Komödie beschrieben hat, und die ihm aus dem »tiefen Wald« der Sündhaftigkeit den Ausgang eröffnete, in dem er sich »auf halbem Weg des Lebens« verirrt hatte, in der Mitte seiner 30er Jahre erlebt hat. Im Beginn der neueren Zeit löste *Martin Luther* durch den Anschlag seiner Thesen wider den Ablaßhandel an der Wittenberger Schloßkirche im Jahre 1517 als 34jähriger die kirchliche Reformationsbewegung aus und stand während der nächsten Jahre in den Auseinandersetzungen mit den geistlichen und weltlichen Obrigkeiten die intensivste Selbstprüfung und Selbstbehauptung durch. Im 17. Jahrhundert wurde *Jakob Böhme,* der »philosophus teutonicus«, nachdem ihm dies schon in seinem 25. Lebensjahr zum ersten Mal widerfahren war, in seinem 35. Jahr zum zweiten Mal einer großen Erleuchtung teilhaftig und begann seitdem den geistigen Ertrag derselben, zunächst in seiner — »Morgenröte im Aufgang«, niederzuschreiben. Mit der Verbreitung derselben setzte auch für ihn eine Epoche härtester Selbstprüfungen und schwerer Auseinandersetzungen mit seinen kirchlichen Gegnern ein. Im 19. Jahrhundert verfaßte die Gipfelgestalt der neueren deutschen Philosophie: *Hegel* um sein 35. Lebensjahr herum seine »Phänomenologie des Geistes«, mit der sein philosophisches System zuerst in Erscheinung zu treten begann. *Beethoven* komponierte in seinem 33., 35. und 37. Jahr die Eroica, den Fidelio und die 5. Symphonie, mit welchen drei Werken seine künstlerische Eigenart gegenüber derjenigen seiner Vorgänger zur entscheidenen Ausprägung kam. *Michelangelo* führte die Deckengemälde der Sixtinischen Kapelle, mit denen sein Name wohl für immer am vornehmlichsten verbunden bleiben wird, zwischen seinem 33. und 37. Jahre aus. *Nietzsche* konzipierte seinen *Zarathustra* in seinem 37. Lebensjahr. In unserem Jahrhundert hat einer seiner bedeutendsten Seelenforscher: *C. G. Jung* in der zweiten Hälfte seiner 30er Jahre jenen Niederstieg in die Tiefen des Unbewußten vollzogen, den er später als seine Hadesfahrt, seinen Abstieg in das Totenland bezeichnete, und durch den ihm, wie er in seiner Autobiographie[11] schreibt, jene »Initialimaginationen« zuteil wurden, die allen seinen späteren psychologischen Forschungen und Darstellungen zugrunde lie-

---

[11] *Erinnerungen, Träume, Gedanken von C. G. Jung.* Aufgezeichnet und hrsg. von Aniela Jaffé, 1963.

gen. Am Ende seines Lebens kam es ihm vor – so schreibt er
rückblickend –, »als sei damals eine Botschaft mit Übermacht
an mich gekommen. Es lagen Dinge in den Bildern, die nicht
nur mich angingen, sondern auch viele andere. Damit hat es
angefangen, daß ich nicht mehr nur mir selber gehören durfte:
Von da an gehörte mein Leben der Allgemeinheit. Die Erkenntnisse, um die es mir ging oder die ich suchte, waren in der
Wissenschaft jener Tage noch nicht anzutreffen. Ich mußte selber die Urerfahrung machen ... Damals stellte ich mich in den
Dienst der Seele ...«

Höchst charakteristisch tritt die Eigenart dieses Lebensabschnittes auch bei zweien der schon früher genannten Persönlichkeiten in Erscheinung: bei *Schiller* und *Richard Wagner.*
Schiller vollendete in seinem 35. Lebensjahr als reifste Frucht
seines die vorangehenden Jahre erfüllenden philosophischen
Ringens die *Briefe über die ästhetische Erziehung des Menschen.* In ihnen erreichte nicht nur seine weltanschauliche Entwicklung ihren Kulminationspunkt, – es wurde in ihnen auch
die Kantische durch eine neue, selbständige Ästhetik ersetzt,
welche das Wesen des Schönen und die Bedeutung der Kunst
für die »Menschwerdung« des Menschen zum ersten Mal bestimmte. Denn die Bildung des Menschen zum vollen Menschen war das eigentliche Anliegen, um das es Schiller in diesen
Briefen ging. Wenn zufolge seiner Darstellung als das vorzüg-
lichste Mittel dieser Bildung die Kunst zu gelten hat, so deshalb, weil in der künstlerischen Betätigung die zwei gegensätzlichen Triebe der menschlichen Seele: der Stoff- und der Formtrieb zu einem mittleren, dritten: dem Spieltrieb vermählt werden. So läßt Schiller die betreffenden Ausführungen in dem bekannten Satz gipfeln: »Der Mensch ist nur da ganz Mensch, wo
er spielt; und er spielt nur da, wo er in voller Bedeutung des
Wortes Mensch ist.«

Wagner konzipierte in seinem 35. Lebensjahr seine Nibelun-
gendichtung, welche in der Ausgestaltung, die sie in den folgenden Jahren dann erfuhr, nicht nur die umfangreichste und das
eigentlichste Mittelpunktswerk unter seinen Bühnenschöpfun-
gen wurde, sondern auch erstmals in Reinheit die neue Kunstform des »Gesamtkunstwerks« repräsentierte, in welchem die
bildende, die dichterische und die musikalische Kunst zu einem
einheitlichen Ganzen verschmolzen sind. In den darauffolgen-
den Jahren aber versuchte Wagner in seinen großen Kunstschriften *Die Kunst und die Revolution, Das Kunstwerk der Zu-*

kunft, Oper und Drama durch eine umfassende Auseinandersetzung mit der gesamten neueren Kunstentwicklung die Notwendigkeit dieser neuen Kunstform zu begründen und ihre Bedeutung für die Gegenwart und die Zukunft darzulegen.

Da wir oben auch *Napoleon* erwähnten, so darf hier wieder-
holt werden, daß er in seinem 35. Lebensjahr den Kaiserthron
bestieg, womit er an sein Ziel gelangte, und zugleich erst voll in
Erscheinung trat der eigentlichste, innerste Impuls, der ihn auf
seiner Laufbahn vorwärtsgetrieben hatte; andererseits aber
stellt Napoleon einen eklatanten Fall des Versagens in dem nun
folgenden Lebensabschnitt dar. Anstatt das von ihm begründete französische Kaisertum an der Reaktion der Welt auf seine
Zukunftsmöglichkeiten hin zu prüfen und darnach sein politi-
sches Verhalten einzurichten, sehen wir ihn in den folgenden
Jahren seine Herrschaftsambitionen rücksichtslos und unbe-
lehrt durch die nun eintretenden Ereignisse weiterverfolgen
und ausdehnen, bis ihn schließlich am Ende dieses Jahrsiebents
durch die Erhebung ganz Europas gegen ihn die Katastrophe
ereilt.

Ein solches Scheitern ist nicht nur deshalb möglich, weil
ebenso, wie die dem Menschen in seinem ersten Lebensdrittel
von außen zuteilwerdende Erziehung eine unzulängliche sein
kann, auch die Selbsterziehung, die er sich in seinem mittleren
Lebensdrittel angedeihen zu lassen hat, versagen kann. Es
kommt noch ein anderes hinzu: Die Entwicklung des Menschen
während der Zeit seines Heranwachsens ist in erster Linie eine
leibliche; und was in ihrem Verlauf von Jahrsiebent zu Jahrsiebent an seelischen Kräften in ihm erwacht, tritt ohne sein Zutun
sozusagen als eine Begleiterscheinung der leiblichen Entwicklung auf. Die Aufgabe der Erziehung besteht nicht darin, diese
Kräfte zu entbinden, sondern darin, ihnen Nahrung und Pflege
zukommen zu lassen. Anders liegen die Dinge in der mittleren
Lebensepoche. Die leibliche Entwicklung bringt nurmehr im
ersten Abschnitt derselben die Fähigkeit der Sinneswahrnehmung zur vollen Blüte. Was der Mensch in den folgenden Ab-
schnitten an weiteren Seelenkräften entwickeln kann, kommt
ohne sein Zutun zunächst gewissermaßen nurmehr »halb« und
zuletzt gar nicht mehr zur Geburt. Er muß es in wachsendem
Maße selbst erst in sich *erwecken*. Daher tragen die betreffenden Fähigkeiten auch ein individuelleres Gepräge, während
diejenigen der Kindheit und Jugend mehr einen generellen
Charakter aufweisen. Erst im mittleren Lebensdrittel kommt

die eigentliche *seelische* Entwicklung zustande, und diese erfordert eben eine zunehmende Emanzipation gegenüber dem Leiblichen.

Mit diesen Bemerkungen ist die Grundlage gewonnen, auf der nun die Entwicklung in ihrer Eigenart gekennzeichnet werden kann, die *nach dem Umschwung im Beginne der 40er Jahre* noch einzusetzen vermag. Man kann sie im Unterschied von den vorangehenden als eine *geistige* bezeichnen. Was ist damit gemeint?

Im ersten Lebensdrittel benötigte der Mensch noch einen *einzelnen* (oder mehrere) *äußere Erzieher.* Im zweiten wurde die *Welt beziehungsweise die Gesellschaft als solche* für ihn zum Erzieher. Hierbei wurde allerdings seine eigene Mitwirkung schon in wesentlich höherem Grade erfordert als in der ersten Phase, – so daß wir im Hinblick auf dieses Erfordernis schon für diese zweite Phase von Selbsterziehung sprechen konnten. In der dritten Phase endlich geht auch die Funktion, welche die »Welt« bisher erfüllt hatte, auf ihn selbst über, so daß wir es erst jetzt mit *reiner Selbsterziehung* zu tun haben. Eine solche wird dann aber auch *möglich,* wenn der Mensch die vorangehenden Stufen seiner Erziehung in hinreichendem Maße durchschritten hat. Denn dann hat er die Bedingungen hergestellt, welche die Voraussetzung bilden für die Verwirklichung der Selbsterziehung im höchsten Sinne. Er hat ja seit der Mitte der 30er Jahre gelernt, sein »höheres Ich« von seinem niederen loszulösen und dieses von jenem aus wie von außen anzuschauen. Er hat in zunehmendem Maße die Fähigkeit erworben, seiner naturhaften Persönlichkeit wie ein Fremder gegenüberzustehen und sich in seinem Urteil über sich selbst nicht mehr durch selbstische Triebe und Begehrungen beirren zu lassen. Und dies: daß er in sich, das heißt in seinem höheren Ich einen untrüglichen Beurteiler und Führer seiner selbst gefunden hat, bildet allerdings die Vorbedingung dafür, daß er auf höchster Stufe zum Erzieher seiner selbst werden kann. Er *darf* jetzt in gewissem Sinne sich ganz mit sich selbst beschäftigen, den Blick auf sich selbst hinlenken; denn der, der mit diesem Blicke schaut, ist jetzt selbst so objektiv wie die Welt geworden.

In welcher Art aber erfolgt die Erziehung auf der jetzt erklommenen Höhe? Wenn wir oben bemerkten, daß im Unterschied von den naturgegebenen Fähigkeiten der Jugend diejenigen des mittleren Lebensalters ohne des Menschen Zutun nurmehr zur »Hälfte« geboren werden, so muß von den spezifischen Fähigkeiten, die im letzten Lebensdrittel entwickelt werden können, gesagt werden, daß sie ohne des Menschen eigene Bemühung *überhaupt nicht* in Erscheinung treten. Sie sind also, *wenn* sie auftreten, ganz und gar die Frucht der eigenen Bemühung. Und sie können als solche nur reifen, wenn diese Bemühung den *höchsten Grad der innern Aktivität* erreicht, das heißt wenn sie den Charakter einer *systematischen Übung* annimmt. Hier gilt das Wort aus dem »Faust« in vollem Maße: »Wer immer strebend sich bemüht, den können wir erlösen«, – das bezeichnenderweise am *Ende* von Fausts Leben ausgesprochen wird.

Was geschieht aber bei solcher Bemühung, und was wird in ihr erfahren? Wenn – wie wir oben sagten – die Seelenfähigkeiten des heranwachsenden Menschen als Begleiterscheinungen seines körperlichen Wachstums von selbst auftreten, so hat dies darin seinen Grund, daß in Wachstum und Ausbildung der verschiedenen Organe und Funktionssysteme des Leibes dem innern Wesen des Menschen *Werkzeuge* sich erbilden, mittels welcher es sich betätigen und offenbaren kann. Das stufenweise Ergreifen dieser Werkzeuge – das Wort »Organ« heißt ja nichts anderes – bedeutet zugleich ein stufenweises Sichverkörpern des Seelischen im Leibe. Mit dem Überschreiten der Lebensmitte setzt die körperliche »Involution«, die allmähliche Rückbildung der leiblichen Organe und Funktionen ein. Das bedeutet aber nun umgekehrt wieder nichts anderes, als daß die Seelenkräfte, die sich in der »Evolution« des Leibes mit diesem verbunden haben, in der »Involution« desselben sich von ihm loslösen können. Und hierin besteht die Erfahrung, die auf den höheren Stufen der Selbsterziehung tatsächlich gemacht werden kann. Es kommen der inneren Bemühung Seelenkräfte entgegen, die von ihrer leiblichen Gebundenheit frei werden, oder genauer gesagt: durch diese Bemühung befreit werden. Denn hat eine innere Aktivierung des Menschen nicht schon früher, um die Wende der 30er Jahre eingesetzt und ihre Fortsetzung in den folgenden Lebensabschnitten erfahren, so findet ein solches Freiwerden des Seelischen gar nicht oder nur in sehr rudimentärem Maße statt. Die Seelenkräfte haben sich dann in der mittleren Lebensperiode bereits zu stark mit dem Leibe verbunden, und die Folge davon ist, daß sie mit der Verknöcherung des Leibes im Alter zugleich selbst verhärten. Das führt einerseits zu den charakteristischen Eigenschaften der in dieser

Weise alt gewordenen Menschen: Starrsinn, Gehässigkeit, Geiz, Habsucht, materialistische Gesinnung. Andererseits erleiden dann die intellektuellen Fähigkeiten mit der »Involution des Gehirns« einen allmählichen Verfall. Das letztere wurde durch statistische Untersuchungen von amerikanischen Forschern mehrfach festgestellt. So kam *W. R. Miles* schon 1933 auf Grund von Untersuchungen bei 823 gesunden Personen zwischen dem 7. und 92. Lebensjahre zu dem Urteil: »Die Intelligenzhöhe steigt bis zum 18. Jahre, verbleibt dann auf der Höchstebene bis zum 3. oder 4. Lebensjahrzehnt, um dann, erst langsam, weiterhin rascher, unaufhaltsam abzufallen, bei Frauen später als bei Männern.« Ein anderer amerikanischer Forscher *(Lehmann)* stellte 1936 bezüglich der schöpferischen Leistungen von hundert bekannten Chemikern und Physikern bei der Mehrzahl einen scharfen Anstieg ihrer Kurve zwischen dem 30. und 35. und danach einen ziemlich gleichmäßigen Abstieg bis etwa zum 70. Jahre fest. Nach experimentellen Untersuchungen von *Schorn* (1930) über die Leistungsfähigkeit für technische Berufe soll diese schon früh, zum Teil schon vom 20. Jahre an abnehmen. Die Rückbildung aller dieser Fähigkeiten in der zweiten Lebenshälfte führte *F. A. Kehrer* in seiner Schrift *Vom seelischen Altern* (1952) darauf zurück, daß unter allen leiblichen Organen das *Gehirn* den »Primat der Involution« behauptet in dem Sinne, daß »diese derjenigen der übrigen Körperorgane nicht nur zeitlich vorangeht, sondern daß ihr auch sozusagen die Führerrolle im Reigen der Altersrückwandlungen zukommt.«

Wie kann nun aber der Mensch die Betätigung des Intellekts von dem oben genannten Zeitpunkt an von ihrer Körpergebundenheit freibekommen? Die Beantwortung dieser Frage hängt von der Lösung eines anderen Problems ab, das sich für die Selbsterziehung des Menschen von der Lebensmitte an stellt. In dem Maße, als das Seelische gegenüber dem Leiblichen im Laufe des Lebens seine Eigenwesenheit entfaltet und ausprägt, *polarisiert* es sich schrittweise in die gegensätzlichen Betätigungen des Erkennens und des Handelns beziehungsweise des Denkens und des Wollens. Was Schiller als die Zweiheit von Form- und von Stofftrieb charakterisierte, ist nur ein anderer Aspekt dieser Polarisierung: im Denken lebt sich mehr der Stoff-, im Wollen mehr der Formtrieb aus. Wieder einen anderen Aspekt derselben Polarität stellt die Gegensätzlichkeit der bildenden und der musikalischen Kunst dar, mit der sich Wagner in seinen Kunstschriften auseinandersetzte. In der bildenden Kunst wirkt sich mehr die Vorstellungskraft aus, in der musikalischen – wie Schopenhauer gezeigt hat – der Wille. Ein dritter Aspekt dieser Polarität schließlich bietet sich in der Gegensätzlichkeit der Bereiche des Bewußtseins und des Unbewußten der Seele dar, welche in unserem Jahrhundert besonders von der Tiefenpsychologie aufgewiesen wurde. Denn das Denken verläuft im Bewußtsein, das Wollen als solches gehört dem Unbewußten an. Diese Polaritäten drohen beim heutigen Menschen, weil er in seinem Leben und Schaffen viel mehr auf seine Persönlichkeit gestellt ist als der noch stärker von leiblichen Kräften getragene und in Blutszusammenhängen lebende Mensch älterer Zeiten, in der zweiten Hälfte seines Lebens immer mehr in eine Spaltung, ja in den *Zerfall seiner Persönlichkeit* überzugehen. Die seelischen Krisen und Erkrankungen, die im 5. Lebensjahrzehnt aufzutreten pflegen, zeigen in immer häufigeren Fällen *schizoiden* Charakter bis zur vollen Schizophrenie. Die Mitte der Herz- beziehungsweise Gefühlskräfte droht immer mehr verloren zu gehen. Der Kunsthistoriker, *Hans Sedlmayr,* gab bezeichnenderweise einem seiner Bücher über moderne Kunst den Titel *Verlust der Mitte.* Denn gerade in der Kunst, die wesentlich diesen Kräften der Seelenmitte entquillt, zeigt sich dieser Verlust am deutlichsten. Man könnte aber jenen Buchtitel auch über eine Darstellung unserer Zivilisation im ganzen setzen. Denn auch sie offenbart dieselben schizoiden Züge. Diese kündigten schon seit Jahrhunderten sich an in der ständig sich verbreitenden Kluft zwischen Wissen und Glauben, zwischen Naturwissenschaft und Religion. Heute wird auf der einen Seite durch die fortschreitende Vertechnisierung unseres Lebens die Intellektualisierung des Seelenwesens immer mehr gesteigert. Als Gegenausschlag dazu ist die Sex- und Pornowelle über uns hereingebrochen, in der die trieb- und begierdenhafte Willenstätigkeit nicht minder hemmungslos im buchstäblichen Sinne ihre Orgien feiert.

Wenn schon Schiller in der Vermählung von Form- und Stofftrieb den Weg zur Bildung vollen Menschentums erblickte, Wagner in der Vereinigung der bildenden und der musikalischen Kunst zum Gesamtkunstwerk die Aufgabe der Zukunft erschaute, so strebten sie im Grunde in dieselbe Richtung, in welche die Tiefenpsychologie unseres Jahrhunderts, insbesondere ihre Jungsche Variante weist, wenn sie in der Überwindung der Kluft zwischen dem Bewußtsein und dem Unbewußten, das heißt in der *Ganzwerdung der Seele* das letzte Ziel der seelischen Entwicklung überhaupt erblickt. In dieser Ganzwerdung vollendet sich – nach C. G. Jung – recht eigentlich der Prozeß der *Individuation*. Seine Frucht ist die Bildung des wahren menschlichen *Selbst*. Und es ist bezeichnend, daß C. G. Jung selber zu diesen Erkenntnissen durch die innere Verarbeitung seiner oben erwähnten »Initial-Imaginationen« im Laufe seiner 40er und 50er Jahre gelangte. Die anthroposophische Geisteswissenschaft ist hinsichtlich des *Zieles* der seelisch-geistigen Selbsterziehung des Menschen, mit der Jungschen Lehre *einer* Meinung. Sie weist zu diesem Ziel aber einen anderen *Weg* als die letztere. Diese empfiehlt eine besondere Kultivierung jenes seelischen Erlebens, das gleichsam als Überbleibsel der ursprünglichen Einheitlichkeit der Seele noch heute eine *Mitte* zwischen dem wachen Bewußtsein und dem schlafenden Unbewußten darstellt: des *Traumes*. Der Weg der Anthroposophie geht von den *Polen* des Seelenlebens aus, die sich durch seine volle Entfaltung als ein *Neues* erst herausgebildet haben: dem *Denken* und dem *Wollen*. Sie empfiehlt Übungen von zweifacher Art: einerseits solche einer denkerischen Konzentration und Meditation, welche eine Aktivierung des Denkens, das heißt eine stärkere Durchdringung desselben mit der Kraft des Wollens zum Ziele haben. Andererseits Übungen einer moralischen Selbsterziehung, die eine Aufhellung der Willenssphäre mit dem Bewußtseinslichte des Denkens bezwecken.[12] Auch auf diesem Wege wird die Seele wieder zu einer einheitlichen Ganzheit. Zugleich erbildet sich auf ihm nebst einem bewußteren Traumleben ein Gefühlsleben höherer Art, das mit der Helle und Objektivität des Denkens die Kraft und die Ichhaftigkeit des Wollens in sich vereinigt. Der also »ganz« gewordene Mensch erfaßt sich in seinem höheren Selbst, das er in sich zur Geburt gebracht hat. Gleichzeitig aber lösen sich seine verschiedenen Seelenkräfte stufenweise von ihrer Leibgebundenheit los. An erster Stelle das *Denken* – vornehmlich in den 40er Jahren. Anstelle des bildlos abstrakten Charakters, den es bisher getragen, entwickelt sich ein bildhaft-imaginativer. Ein bedeutendes Beispiel hierfür bildet es, daß die von Schiller in der Mitte seiner 30er Jahre verfaßten *Ästhetischen Briefe* den um zehn Jahre älteren, also damals in der Mitte seiner 40er Jahre

---

[12] Siehe hierzu Rudolf Steiner: *Wie erlangt man Erkenntnisse der höheren Welten?*

stehenden Goethe dazu anregten, dasselbe Thema in seinem *Märchen von der grünen Schlange und der schönen Lilie* in imaginativen Sinnbildern dichterisch zur Darstellung zu bringen.

In den 50er Jahren erfolgt dann ein analoger Vorgang mit den mehr *gefühlsartigen* Kräften der Seele, die zwischen dem 7. und 14. Jahre im Leibe zur Erscheinung und Entfaltung gekommen waren. Daß in dieser Zeit ein Prozeß im Menschen stattfindet, der eine Umkehrung desjenigen darstellt, der in der Pubertät zum Abschluß kommt, beweist auch das Klimakterium beim weiblichen Geschlecht; doch spricht man mit Recht von einem »seelischen« Klimakterium auch beim Manne. Dieser Vorgang kann in seltenen Fällen dazu führen, daß in diesem Lebenszeitpunkt eine noch tiefer gehende, radikalere seelische Wandlung, ja Verwandlung sich vollzieht, als sie in der Lebensmitte durchgemacht werden kann, – eine Verwandlung, die entweder die in der Lebensmitte geschehene erst zur vollen Auswirkung bringt oder, wenn sie überhaupt erst jetzt erfolgt, wie eine abrupte Abkehr vom bisherigen Leben, wie ein ruckartiges Sich-Herausziehen aus diesem auftritt. Im alten Indien gehörte es zu den Lebensstationen, welche die Mitglieder der Brahmanenkaste zu durchschreiten hatten, daß sie in diesem Lebenszeitpunkt ihre Familie verlassen und zu Einsiedlern werden mußten. Im Ausgang des Mittelalters vollzog im schweizerischen Unterwalden als ein Einzelner in diesem Lebensalter einen solchen Schritt *Niklaus von der Flüe,* indem er Haus und Hof verließ und in einer Einsiedlerklause sich ganz der religiösen Meditation ergab. Von der in sich zerstrittenen Eidgenossenschaft 1481 nach Stans gerufen, rettete er durch seinen weisen Rat und sein hohes Ansehen ihren Bund vor dem Zerfall. Im 18. Jahrhundert erlebte der durch seine wissenschaftlichen Leistungen zu Weltberühmtheit gelangte schwedische Gelehrte *Emanual Swedenborg* im selben Lebensalter seine geistige Berufung, von der Welt der Geister und der Verstorbenen, die sich seinem Schauen erschlossen hatte, zu künden und eine neue Kirche Christi zu gründen. Im Sinne dieser Berufung verfaßte er seitdem ein umfangreiches theosophisches Schrifttum. Im 19. Jahrhundert vollzog sich in der Seele des durch seine Dichtungen ebenfalls weltberühmt gewordenen Grafen *Leo Tolstoi* um sein 50. Lebensjahr jener radikale Umbruch, der ihn in seiner darnach veröffentlichten *Beichte* zum schärfsten Richter über sein bisheriges Leben werden ließ. Durch die neuen Ziele und Sinngebungen seines Lebens und Schaffens, die er seitdem verfolgte, wurde er zum Verkünder eines neuen Evangeliums moralischer Selbstvervollkommnung und menschlicher Gemeinschaftsbildung. Da die seelische Wandlung, die in diesem Lebensalter stattfindet, wie schon erwähnt, wesentlich in der Sphäre der Gefühlskräfte vor sich geht, kommt sie überhaupt vornehmlich im künstlerischen Schaffen zum Ausdruck. So darf hier etwa an die Wandlung erinnert werden, die das musikalische Schaffen *Beethovens* während seiner 50er Jahre, seiner letzten Lebenszeit, im Sinne einer zunehmenden Erd-Entbundenheit in seinen letzten Quartetten erfahren hat. *Giuseppe Verdi,* dessen musikalisches Schaffen bis in sein höchstes Greisenalter hinauf eine unvermindert strömende Produktivität bewahrte, erreichte darin einen höchsten Glanzpunkt in der *Aida* und im *Requiem*, die beide in der zweiten Hälfte seiner 50er Jahre entstanden. *Anton Bruckner,* der als Komponist überhaupt erst in seinen 40er Jahren vor eine weitere Öffentlichkeit trat, gelangte zur entschiedenen Ausprägung seines Stils erst um sein 50. Jahr herum, in seiner 3. Symphonie, in deren Eingangsthema wir deutlich die geistige Berufung vernehmen, deren Inspiration sein weiteres Schaffen bestimmt hat. Als Spätlinge in der dichterischen Produktion, die sich erst im höheren Lebensalter zu ihren Meisterwerken erhoben, sind schließlich *Conrad Ferdinand Meyer* und *Theodor Fontane* zu nennen. In der besonderen Beziehung der in Rede stehenden inneren Wandlung zum künstlerischen Schaffen mag es auch begründet liegen, daß in diesem Lebensalter häufig bis dahin schlummernd gebliebene malerische Fähigkeiten zutage treten.[13]

Gegen die 60er Jahre hin endlich können auch diejenigen Kräfte bis zu einem gewissen Grade vom Leibe losgelöst und entsprechend umgewandelt werden, die sich als *willensmäßige* im ersten Jahrsiebent mit ihm verbunden haben. Hat das kleine Kind diese als solche der *Nachahmung* betätigt, so kann derjenige, der im Greisenalter bis zu dieser Stufe der Leibfreiheit seiner seelisch-geistigen Kräfte aufgestiegen ist, im höchsten Sinne als menschliches *Vorbild* gelten. Denn er hat in der Tat ein Höchstes erreicht, das zu erlangen dem Menschen nach den in seiner Natur veranlagten Kräfte möglich ist. In wohl einzigartiger Weise wurde in unserem Jahrhundert diese Stufe innerer Entwicklung innerhalb der westlichen Welt durch *Rudolf*

---

[13] Siehe Herbert Hahn: *Der Lebenslauf als Kunstwerk*. Stuttgart 1966.

Steiner dargelebt. Für die östliche wäre wohl als ein ähnliches Beispiel *Shri Aurobindo* zu nennen.

Die besondere Beziehung dieser letzten Stufe menschlicher Wesensentfaltung zu deren allererstem Abschnitt offenbart sich im allgemeinen auch darin, daß in dieser Zeit des Greisentums bekanntlich die Bilder der Kindheit mit großer Lebendigkeit in der Erinnerung auftauchen, während die Ereignisse der mittleren Lebenszeit mehr und mehr in den Hintergrund treten. Aber auch ein solches Wort wie dasjenige Goethes, daß »wir im Greisenalter alle Mystiker werden«, weist auf den Zusammenhang desselben mit den Jahren der Kindheit, in denen die Kräfte des intellektuellen Denkens noch nicht erwacht sind. Im Sinne einer bloßen, unverwandelten Rückkehr endlich zeigt sich dieser Zusammenhang auch darin, daß »Greise« kindisch werden und dann zu »fabulieren« lieben, – wie es dem Märchenalter der ersten Lebensjahre entspricht.

6. Altersentwicklung und Menschenwesenserkenntnis

In den vorangehenden Ausführungen wurde versucht, in mehr oder weniger schematischer Darstellung zu zeichnen, was *urbildlich-ideell* dem menschlichen Lebenslauf, wie er sich in unserem Zeitalter gestaltet hat, zugrundeliegt. Diese *Idee* muß ihrem Wesen nach schon für die mittleren und noch mehr für die höheren Stufen des menschlichen Lebens den Charakter eines *Ideals* annehmen, ist sie doch ihrem Inhalte nach dadurch gekennzeichnet, daß der Lebenslauf in seiner Gesamtheit zum *Erziehungsprozeß* geworden ist, der sich von einem solchen der Fremderziehung in einen solchen der in immer höherem Sinne zu verstehenden Selbsterziehung metamorphosiert. Man könnte nun speziell gegenüber dem, was so als Entwicklungsziel des höheren Alters dargestellt wurde, einwenden, daß es so hoch gesteckt sei, daß es in der Wirklichkeit kaum je oder nur in ganz seltenen Fällen erreicht werde. Und man könnte des weiteren der Charakteristik der besondern Entwicklungsmöglichkeiten, welche den einzelnen Stufen des höheren Alters zukommen, entgegenhalten, daß es sich dabei um eine fragwürdige Deutung derselben handle.

Dazu wäre fürs erste zu sagen, daß das zuletzt geschilderte, der Natur der Sache nach, allerdings das höchste Ideal individueller menschlicher Entwicklung darstellt. Wenn es aber im Wesen des Menschen und in der Struktur seines Lebenslaufs begründet ist, so muß dennoch von ihm ausgegangen werden, um einen Maßstab für die Beurteilung dessen zu gewinnen, was im einzelnen konkreten Fall erreicht wird. Um Beispiele seiner Verwirklichung zu finden, muß man freilich Geister höchsten Ranges ins Auge fassen, die außerdem mit einer langen Lebensdauer begnadet waren. Eines der hervorragendsten in neuerer Zeit bildet zweifellos *Goethe,* in dessen Leben durch den Reichtum seiner Anlagen und seine außerordentliche Wandlungs- und Verjüngungskraft überhaupt die spezifischen Charaktere *aller* Altersstufen in seltener Reinheit zur Ausprägung gelangt sind. Es ist denn auch kein Zufall, daß von ihm das bekannte Wort stammt, daß »geniale Naturen eine wiederholte

Pubertät erleben«, – womit wohl in allgemeinerem Sinne ein Prozeß innerer Verwandlung gemeint ist. Freilich gehören zu diesem Wort als seine ergänzenden Gegenstücke jene andern von dem »Stirb und Werde«, und von der Notwendigkeit, daß man »seine Existenz aufgeben müsse, um zu existieren«, – Worte, die auf den Willen zu »Entsagung« und »Verzicht«, das heißt auf die moralischen Impulse hindeuten, ohne welche solche Wandlungen nicht erlangt werden können. (A. L. Vischer hat in seinem gedankenreichen Buche *Seelische Wandlungen beim alternden Menschen* (Basel 1949) denn auch mit Recht ein eigenes Kapitel diesen innern Wandlungen Goethes durch seine verschiedenen Altersstufen hindurch gewidmet.)

Ein anderes Beispiel seltener Wandlungskraft bis ins höchste Alter hinauf ist der Philosoph *Schelling*. Die Dynamik seiner inneren Wandlungen war eine so mächtige, daß er, obwohl in seiner gedanklichen Produktivität von außerordentlicher Genialität und Frühreife, doch zu keiner Zeit seines Lebens ein über das Programmatische hinaus durchgearbeitetes Weltanschauungssystem zustandegebracht hat als erst in seinem spätesten Alter in seiner monumentalen *Philosophie der Mythologie und der Offenbarung*.

Was nun aber die besonderen Charaktere und Entwicklungsmöglichkeiten der einzelnen Stufen des höheren Alters betrifft, so ist allerdings zuzugeben, daß es schwierig ist, sie durch Altersleistungen hervorragender geschichtlicher Persönlichkeiten in konkreter und gewissermaßen »schlagender« Weise zu belegen. Dies hat verschiedene Gründe.

Ein erster liegt darin, daß in dem Maße, als die Entwicklung mit zunehmendem Alter in gesteigertem Grade den Charakter der Selbsterziehung annimmt, oder anders ausgedrückt: vom Leiblichen durch das Seelische zum Geistigen fortschreitet, die Ausprägung des »Urbildlichen« immer individueller und individueller wird. Das Generell-Typische tritt immer mehr zurück. Man hat es, zumal bei den höheren Alters- und Entwicklungsstufen, eigentlich mit lauter individuellen Fällen zu tun.

Dies gilt sowohl von der Art wie von dem zeitlichen Tempo dieser Entwicklung. Je nach Geistesrichtung, Charakteranlage und Tätigkeitsgebiet wird vornehmlich *eine* der betreffenden Möglichkeiten verwirklicht und bleiben die andern ihr gegenüber zurück. Ferner ist zu berücksichtigen, daß nicht alle »Altersproduktivität« auf wirklichem Fortschritt in der inneren Entwicklung und Wandlung beruht, sondern ein großer Teil derselben auf Rechnung einer bewahrten leiblichen Vitalität und Gesundheit, angesammelter Erfahrung, erworbener Routine, vervollkommneten technischen Könnens usw. zu buchen ist. Vielfach stellt sie darum lediglich eine Fortsetzung von Leistungen des mittleren Lebensalters dar. Diese Tatsache drängt sich stark auf zum Beispiel bei der Lektüre des Buches *Schöpferisches Alter. Geschichtliche Spätaltersleistungen in Überschau und Deutung* (1939) von Paul Herre, – obwohl es dem Verfasser dabei darauf ankommt, den besonderen Charakter und Stil dieser Leistungen herauszuarbeiten. Er stellt darin auf 356 Seiten solche Altersleistungen von gegen 1000 Persönlichkeiten aus allen Zeiten und Völkern zusammen. Freilich bleibt die Darstellung in vielen Fällen gar sehr an der Oberfläche und besteht sogar in den meisten nur in nach der Art eines Konversationslexikons gegebenen summarischen Hinweisen.

Schließlich ist auch das Zeitmaß der Entwicklung bei verschiedenen Persönlichkeiten ein sehr verschiedenes. Denn zum Individuellen eines menschlichen Lebenslaufs gehört auch seine zeitliche Länge.

Nun bildet es aber ein Grundmerkmal alles Lebendigen, daß es stets als Ganzes wirkt, das heißt seine einzelnen Teile jeweils vom Ganzen her bestimmt werden. Und so scheint, wo der Tod nicht durch einen aus äußeren Zivilisationsverhältnissen heraus bewirkten Unfall eintritt, zugleich mit dem Wesen einer Individualität von vornherein auch die Länge ihres Lebens festzustehen, und sie bedingt in geheimnisvoller Weise auch den Rhythmus der einzelnen Entwicklungsphasen. Diese erscheinen daher gegenüber dem im vorangehenden Kapitel dargestellten zeitlichen Schema bei der einen Persönlichkeit zeitlich auseinandergezogen, bei der anderen zusammengedrängt. In besonderem Grade gilt das letztere von denjenigen, die man in ausgesprochenem Maße als »Frühvollendete« bezeichnen kann wie etwa Raffael, Novalis, Mozart, Schubert. Ihre Lebensleistung erscheint, im Ganzen gesehen, nicht als Torso, sondern als in sich abgeschlossene Totalität. Sie haben in außerordentlich beschleunigtem Tempo eine volle menschliche Entwicklung bis zu höchster Reife durchlaufen. Ihnen stehen andere, Langlebige gegenüber, deren Entwicklung im gemächlicherem Schritte sich vollzieht.

Von beiden wiederum unterschieden sind diejenigen, deren Leben, wie lang es auch sei, seinen Schwerpunkt in ganz überwiegendem Maße in *einer* seiner Phasen hat. Da sind diejenigen, die in ihrer Jugend durch ihre Schönheit, ihr frisches, gewinnendes, strahlendes Wesen sich die Herzen erobern und, wenn sie älter werden, nurmehr wie eine lebende Erinnerung an ihre frühere Glanzzeit wirken. Da sind die andern, die in der Mitte ihres Lebens den Zenith ihrer Energie und Tatkraft erreichen. Und da sind endlich jene, die erst im höheren Alter zur Produktivität erwachen, indem diese die in der leiblichen Konstitution gelegenen Widerstände, die sie bis dahin zurückgestaut hatten, erst jetzt, beim Zurückweichen der körperlichen Kräfte, zu überwinden vermag. In all diesen Fällen handelt es sich um besondere Geistes- und Charakteranlagen der betreffenden Individualitäten, die, je nach ihrer Beschaffenheit, eine besondere Affinität zeigen zu den spezifischen Entwicklungsmöglichkeiten, welche die eine oder andere Lebensphase gewährt. Schopenhauer macht in seiner Abhandlung über den »Unterschied der Lebensalter« hierüber den treffenden Hinweis. »Ich habe die Bemerkung gemacht, daß der Charakter fast jedes Menschen einem Lebensalter vorzugsweise angemessen zu sein scheint; so daß er sich in diesem vorteilhafter ausnimmt. Einige sind liebenswürdige Jünglinge, und dann ist's vorbei; andre tätige, kräftige Männer, denen das Alter allen Wert raubt; manche stellen sich am vorteilhaftesten im Alter dar, wo sie milder, weil erfahrener und gelassener sind. ... Die Sache muß darauf beruhen, daß der Charakter selbst etwas Jugendliches, Männliches, Ältliches an sich hat, womit das jedesmalige Lebensalter übereinstimmt oder als Korrektiv entgegenwirkt.«

So erfährt also die Ausprägung des Urbildlichen des menschlichen Lebenslaufs je nach der Individualität die mannigfaltigsten Abwandlungen.

Was aber insbesondere zum Verständnis der Entwicklungsmöglichkeiten des *höheren* Alters in entscheidendster Weise berücksichtigt werden muß, das ist der Umstand, daß – wie schon im letzten Kapitel betont – die spezifischen Fähigkeiten, die auf dieser Lebensstufe entwickelt werden *können,* überhaupt nur zutagetreten, wenn sie als die ausschließliche Frucht einer ganz aus dem Innern erfließenden systematischen Selbsterziehung erwachsen. Da aber eine solche Selbstbildung, wenn sie zu wesentlichen Ergebnissen führen soll, voraussetzt, daß ihr eine andere, den Bedingungen des mittleren Lebensdrittels entsprechende, schon vorausgegangen ist, so läßt sich wohl einsehen, daß die Eigenart der Fähigkeiten, die da entwickelt werden *können,* im allgemeinen nur in mehr oder weniger rudimentärer Form, nur in schwacher Andeutung zur Erscheinung kommt. Man muß, um sie zu bemerken, schon in sehr intimer Art die seelischen Nuancierungen, die Grundstimmungen ins Auge fassen, welche sich in den verschiedenen Phasen des Alterswirkens oder Altersschaffens menschlicher Persönlichkeiten unterscheiden lassen.

Wenn aber auch diese Entwicklungsmöglichkeiten in neuerer Zeit nur in ganz seltenen Fällen eine deutlich ausgeprägte Verwirklichung erfahren haben, so weisen auf ihren Charakter dennoch gewisse allgemeine Altersmerkmale hin, von denen an dieser Stelle nur das *eine,* aber vielleicht allerbezeichnendste, hervorgehoben sei:

Es ist die Neigung der altgewordenen Menschen, sich in rückblickender Betrachtung mit sich selbst, ihrem eigenen Leben, ihrer Vergangenheit zu beschäftigen, – eine Neigung, die ja sehr häufig dazu führt, daß sie ihre Erinnerungen aufzeichnen oder eine Darstellung ihres Lebens verfassen. Selbstverständlich ist diese Neigung in erster Linie daraus zu erklären, daß der altgewordene Mensch dem Ende seines Lebens entgegengeht, sein irdisches Tagewerk im wesentlichen getan hat und nun über die Muße verfügt, auf das Getane zurückzublicken. Hat er zudem Großes entweder selbst geleistet oder wenigstens erlebt und miterlebt, so kommen seine Gedanken von diesem Großen umso weniger los. Selbstverständlich spielt auch, besonders bei der Aufzeichnung der Lebenserinnerungen, das Bedürfnis vielfach eine maßgebende Rolle – namentlich da, wo es sich um große, aber noch umstrittene Leistungen handelt –, sein Wollen und Streben mit seiner Darstellung zugleich zu rechtfertigen oder der Nachwelt ein bestimmtes Bild seines Wesens zu überliefern. Dennoch aber wirkt in all dem zugleich noch ein anderes Moment mit, das gerade an den Selbstbiographien bedeutender, geistig hochstehender Persönlichkeiten deutlich wahrgenommen werden kann: es ist die Tatsache, daß im Alter die Bedeutung, die Zusammenhänge des in der Jugend Erlebten und Getanen erst im tieferen Sinne verständlich werden. Was in der ersten Lebenshälfte aus mehr oder weniger dumpfem Drang heraus erstrebt, was als glücklicher Zufall eingetreten oder als scheinbar sinnloses Mißgeschick erlitten worden ist, – es ordnet sich jetzt in größere Zusammenhänge ein und offenbart seinen Sinn. In seiner schon erwähnten Abhandlung charakterisiert Schopenhauer diese Tatsache durch das treffende

Bild: »Man kann das Leben mit einem gestickten Stoff vergleichen, von welchem jeder, in der ersten Hälfte seiner Zeit, die rechte, in der zweiten aber die Kehrseite zu sehen bekäme: letztere ist nicht so schön, aber lehrreicher, weil sie den Zusammenhang der Fäden erkennen läßt.« Dies beruht aber darauf, daß dieselben Kräfte, die in der ersten Lebenshälfte beziehungsweise im ersten Lebensdrittel sich »inkarniert« hatten, aus unbewußten Tiefen der Seele heraus gestaltend und schicksalbestimmend ins Leben und zur Tat drängten, einem jetzt gewissermaßen wieder begegnen im Prozeß ihrer »Exkarnation« und sich dabei in ihrem Wesen und ihrer Bedeutung enthüllen. Durch die Umkehrung ihrer Strebensrichtung haben sie sich aus Kräften des Handelns und Erlebens in solche des Erkennens und Verstehens umgewandelt. Es erbildet sich dadurch ein *seelischer Blick* in das eigene Innere, in die wirkenden Kräfte des eigenen Schicksals, der einen gewissermaßen »hellsichtig« macht für Tatbestände, die einem früher tief verborgen waren. Was sich solcher »Hellsichtigkeit« an Beobachtungen und Erfahrungen ergeben kann, bezeugen zum Beispiel Worte, wie sie Goethes Freund *R. L. von Knebel* im Alter von 90 Jahren in einem seiner letzten Briefe, zurückblickend auf sein Leben, geschrieben hat: »Man wird bei genauer Beobachtung finden, daß in dem Leben der meisten Menschen sich ein gewisser Plan findet, der, durch eigene Natur, oder durch die Umstände, die sie führen, ihnen gleichsam vorgezeichnet ist. Die Zustände ihres Lebens mögen noch so abwechselnd und veränderlich sein, es zeigt sich doch am Ende ein Ganzes, das unter sich eine gewisse Übereinstimmung bemerken läßt. Ich habe dieses, bei meinem hohen Alter, unter den mancherlei Umständen, die mein Leben leiteten, sonderlich bemerkt. Es ist nicht meine Absicht, und würde sich auch nicht sonderlich lohnen, solche einzeln hier anzuführen; aber wenn ich zusammenrechne, was mein und der Meinigen Los im Leben also gewürfelt hat, so finde ich in dem Facit meist vollkommene Übereinstimmung. Die Hand eines bestimmten Schicksals, so verborgen sie auch wirken mag, zeigt sich auch genau, sie mag nun durch äußere Wirkung oder innere Regung bewegt sein; ja widersprechende Gründe bewegen sich oftmals in ihrer Richtung. So verwirrt auch der Lauf ist, so zeigt sich doch immer Grund und Richtung durch.«

So kann man zusammenfassend sagen, daß das höhere Alter als eine spezifische Begabung die Anlage zur Erkenntnis der verborgenen Seiten des Menschenwesens und Menschendaseins in sich trägt. Diese Tatsache kann zum Verständnis dessen führen, worauf im Anschluß an die vorangehende Darstellung hier noch in besonderer Weise hingewiesen werden soll:

Wie schon erwähnt, ist ein höchstes Beispiel menschlicher Altersentwicklung in dem Sinne, wie sie im letzten Kapitel schematisch skizziert wurde, in unserer Zeit durch Rudolf Steiner, den Begründer der anthroposophischen Geisteswissenschaft, dargelegt worden.[14] Zwar hatte er schon im ersten und im mittleren Lebensdrittel eine außerordentliche innere Entwicklung durchlaufen. Am allermeisten kennzeichnet seinen Lebensgang aber wohl doch die schlechthin unvergleichliche Entwicklung, die er vom Beginn seiner 40er Jahre bis zu seinem im 65. Jahre erfolgten Tod durchlief. Entsprechend steigerte sich seine geistige Produktivität, obgleich sie bereits in seiner Lebensmitte einen Grad erreicht hatte, der sich nur mit den höchsten Beispielen geistigen Schaffens vergleichen läßt, in seinem letzten Lebensdrittel zu Ausmaßen, die für den größten Teil unserer Zeitgenossen noch unvorstellbar geblieben sind. Die seit drei Jahrzehnten im Erscheinen begriffene Gesamtausgabe seiner Schriften, Dichtungen und (nach stenographischen Nachschriften wiedergegebenen) Vorträge wird auf ca. 320 Bände veranschlagt. Hinzu kommen seine bahnbrechenden Schöpfungen auf dem Gebiete der bildenden Künste. Bezeichnend ist außerdem, daß, nachdem er gegen die Mitte seiner 30er Jahre in seiner *Philosophie der Freiheit* dasjenige Werk veröffentlicht hatte, in welchem der innerste Kern seiner geistigen Sendung zuerst in entschiedener Ausgestaltung ans Licht getreten war, von dieser Zeit an als ein selbstverständliches Bedürfnis seines seelischen Lebens die Pflege einer meditativen Schulung seiner seelisch-geistigen Kräfte sich geltend machte. Und weiter ist bezeichnend, daß er als Verkünder der von ihm inaugurierten Geisteswissenschaft erst, nachdem er in der zweiten Hälfte seiner 30er Jahre durch die intensivste Selbstprüfung hindurchgegangen war, vom Beginne seiner 40er Jahre an hervortrat, so daß das Ganze dessen, was als »Geisteswissenschaft« im eigentlichen Sinne von ihm entwickelt worden ist, seinem letzten Lebensdrittel angehört.

Nun beruht ja diese Geistesforschung, wie schon angedeutet, auf der Ausbildung einer leibfreien, übersinnlichen, rein see-

---

[14] Siehe Rudolf Steiner: *Mein Lebensgang*.

lisch-geistigen Erfahrungsfähigkeit. Diese Fähigkeit gliedert sich allerdings in drei verschiedene Formen beziehungsweise Stufen der geistigen Erfahrung, die von Steiner als diejenigen der Imagination, der Inspiration und der Intuition bezeichnet worden sind. Sie ergeben sich durch bestimmte Umwandlungen, welche auf dem Wege geistiger Schulung die drei Seelenkräfte des Denkens, des Fühlens und des Wollens erfahren können. Diese Umwandlungen können, wie es im vorigen Kapitel geschah, auch als schrittweise Loslösung derselben von den leiblichen Organen charakterisiert werden, an die sie zunächst gebunden sind. Steiner verfügte über die entsprechende geistige Erfahrungsfähigkeit zwar schon bei Beginn seines Auftretens als Geistesforscher im vollen Umfang, – war doch die Fähigkeit des »Hellsehens« schon während seiner Kindheit in ihm erwacht. Und es bilden diese Erfahrungsmöglichkeiten auch ein zusammenhängendes Ganzes, das als solches vorhanden sein muß, wenn geistige Forschung in dem hier gemeinten Sinne zustandekommen soll. Dennoch läßt sich im Verlauf von Steiners geisteswissenschaftlichem Wirken deutlich eine Dreiheit von je etwa siebenjährigen Epochen unterscheiden, in denen jene Fähigkeiten der Reihe nach noch eine besondere Ausgestaltung erfuhren beziehungsweise, in deren jeder *eine* derselben seinem Wirken in besonderem Maße das Gepräge verlieh.[15] Auf die Bedeutung dieser stufenweisen Entfaltung fällt nun aber ein erhellendes Licht durch die Darstellung, die Steiner selbst in einem Vortrag vom 4. Oktober 1919[16] gibt über den Zusammenhang dieser höheren, übersinnlichen Erkenntnisfähigkeiten mit den Kräften, die im Menschen während der Zeit seines Heranwachsens zur Ausbildung gelangen. Er sagt da:

»Es wird sehr häufig gefragt, durch welche Kräfte der Menschennatur die Erkenntnis der übersinnlichen Welten erlangt wird. Man versucht sich die Frage bloß so zu beantworten, daß man eben davon spricht: Es gibt die Möglichkeit, Übersinnliches durch gewisse Kräfte der Menschennatur zu erkennen. Aber in welchen Beziehungen diese Kräfte zur Menschennatur

---

[15] Siehe dazu H. E. Lauer: *Rudolf Steiners Lebenswerk.* Basel 1926; ders.: ›Rudolf Steiners Leben und Lehre, wie sie einander gegenseitig beleuchten‹, in: *R. Steiners Anthroposophie im Weltanschauungskampfe der Gegenwart.* Basel 1927.
[16] *Geistverstehen – Menschenverstehen,* veröffentlicht in ›Blätter für Anthroposophie‹, April 1951.

stehen, darnach wird nicht immer gefragt. Daher wird auch so wenig Rücksicht genommen darauf, die Erkenntnisse der übersinnlichen Welten für das gewöhnliche Leben richtig fruchtbar zu machen. Man kann sagen: Gerade für unser Zeitalter werden die übersinnlichen Erkenntnisse den Menschen immer notwendiger und notwendiger werden. Dann aber müssen sie auch in ihrer Beziehung zum gewöhnlichen alltäglichen Leben erfaßt werden.

Sie wissen, die erste Fähigkeit, die den Menschen hinaufführt ins übersinnliche Wesen, ist die Kraft der Imagination, die zweite Fähigkeit ist die Kraft der Inspiration, die dritte Fähigkeit ist die Kraft der Intuition. Nun fragt es sich: Sind das Fähigkeiten, die man einfach nur ins Auge fassen muß, wenn von Erkenntnis übersinnlicher Welt die Rede ist, oder sind dies Fähigkeiten, die auch irgendeine Rolle spielen im sonstigen Leben des Menschen? – Das Letztere, sehen Sie, ist der Fall. Wir verfolgen ja das menschliche Leben, wie Sie das ersehen können aus der kleinen Schrift: *Die Erziehung des Kindes vom Gesichtspunkte der Geisteswissenschaft,* nach drei Epochen: nach der Epoche von der Geburt bis zum Zahnwechsel, vom Zahnwechsel bis zur Geschlechtsreife, von der Geschlechtsreife bis etwa zum einundzwanzigsten Jahre. Wer nicht oberflächlich die menschliche Natur betrachtet, der wird darauf kommen, daß die ganze Art der Entwicklung des Menschen eine andre ist in den ersten sieben Jahren, eine andre in den zweiten sieben Jahren, eine andre in den dritten sieben Jahren des kindlich-jugendlichen Lebens. Damit, daß die dann bleibenden Zähne herausgetrieben werden, hängt zusammen die Entfaltung nicht bloß von Kräften, die etwa, sagen wir, in den Kiefern oder in ihren Nachbarorganen sitzen, sondern die Kräfte, welche diese Zähne heraustreiben, sitzen im ganzen physischen Menschen. Da geht etwas vor in diesem physischen Menschen zwischen der Geburt und dem siebenten Jahre, was seinen Abschluß findet, indem die bleibenden Zähne herausgetrieben werden aus der Menschennatur.

Diese Kräfte, die da arbeiten an der menschlichen physischen Wesenheit, die sind übersinnlicher Natur. Das Sinnliche ist bloß das Material, in dem sie arbeiten. Diese übersinnlichen Kräfte, die in den ersten sieben Lebensjahren des Menschen in seiner ganzen Organisation tätig sind, werden gewissermaßen stillgelegt, wenn ihr Ziel erreicht ist, wenn die bleibenden Zähne erschienen sind. Diese Kräfte gehen nach dem siebenten Jahre, ich möchte sagen, schlafen. Sie sind verborgen in der Menschennatur. Und sie können hervorgeholt werden aus dieser Menschennatur; sie schlafen in der Menschennatur. Und sie können hervorgeholt werden aus dieser Menschennatur, wenn man solche Übungen macht, wie ich sie in dem Buche ›Wie erlangt man Erkenntnisse der höheren Welten?‹ beschrieben habe, die da führen bis zur Intuition. Denn die Kräfte, die in der intuitiven Erkenntnis angewendet werden, sind dieselben Kräfte, mit denen man bis zum siebenten Jahre so wächst, daß dieses Wachsen seinen Ausdruck findet im Zahnwechsel. Diese schlafenden Kräfte, die bis zum siebenten Jahr tätig sind in der Menschennatur, die benützt man in der übersinnlichen Erkenntnis, um zur Intuition zu kommen.

Die Kräfte wiederum, die vom siebenten bis zum vierzehnten Jahre, bis zur Geschlechtsreife, tätig sind und dann schlafen gehen, drunten in der Menschennatur ruhen, die werden heraufgeholt und bilden die Kraft der Inspiration. Und diejenigen Kräfte, welche, nun, sagen wir, in früheren Zeiten den Menschen vom vierzehnten bis zum einundzwanzigsten Jahre die jugendlichen Ideale eingegeben haben – es wäre zu viel behauptet, daß sie das jetzt noch tun – und Organe geschaffen haben im physischen Leib für diese jugendlichen Ideale, das sind dieselben Kräfte, die dann aus ihrem schlafenden Zustand hervorgeholt werden und die Imagination bewirken können.

Sie sehen daraus, daß die Kräfte der Imagination, die Kräfte der Inspiration und die Kräfte der Intuition nicht beliebige, von unbekannt woher geholte Kräfte sind, sondern daß es dieselben Kräfte sind, mit denen wir von unsrer Geburt bis zum einundzwanzigsten Jahre wachsen.«

Diese Worte bestätigen einerseits, was im vorangehenden Kapitel über die Wandlungsprozesse des menschlichen Lebenslaufs, beonders über die Beziehungen zwischen Jugend- und Altersentwicklung ausgeführt wurde. Andererseits machen sie zugleich verständlich, warum die übersinnlichen Erkenntnisfähigkeiten, auch wenn sie durch geistige Schulung schon um die Lebensmitte errungen worden sind, in dem Lebensalter, das mit den 40er Jahren beginnt, noch eine stufenweise Steigerung erfahren können. Es kommt ihrer Ausbildung da zu Hilfe der naturgemäße Prozeß ihrer stufenweisen Loslösung vom Leibe, der von dieser Zeit an einsetzt. Sie sind in der Ausgestaltung, die sie dann erfahren können, nicht nur die Frucht der selbsterzieherischen Schulung, sondern zugleich auch die spezifische

Gabe, die das höhere Alter dem Menschen schenken kann. Es muß also, wenn sie zur vollsten Ausreifung gelangen sollen, beides zusammenwirken. Da aber, wie wir im vorangehenden Kapitel gesehen haben, das letzte Lebensdrittel überhaupt im Zeichen der Selbsterziehung in der höchsten Bedeutung dieses Wortes steht, das heißt diejenigen Fähigkeiten, die da errungen werden *können, nur* durch eine zur geistigen Schulung gesteigerte Selbsterziehung hervortreten können, so bedeutet der in den Worten Rudolf Steiners aufgewiesene Zusammenhang nichts geringeres, als daß die Möglichkeiten, welche das höhere Alter als solches dieser Selbsterziehung entgegenbringt, eben ganz spezifisch auf dem Gebiete der *geistig-übersinnlichen Erkenntnis* liegen, – einer Erkenntnis, die sich ihrem Inhalte nach zur *Menschenwesenserkenntnis oder Anthroposophie* ausgestaltet. Und so spricht es denn Rudolf Steiner an anderer Stelle, in dem Vortragszyklus *Das Initiatenbewußtsein,* auch deutlich aus, daß man – im Gegensatz zu früheren Zeiten, wo die Zugehörigkeit zu bestimmten Blutszusammenhängen hierfür ausschlaggebend war – heute »in der Initiation (Einweihung) in gewissem Sinne von seinem Lebensalter abhängig ist.« »Man kann ganz gut mit 37 Jahren aus der Initiation heraus sprechen; aber man kann anders mit 63 Jahren aus der Initiation heraus sprechen, weil man da andre Organe ausgebildet hat. Die Lebensalter sind Organe« (S. 149). (Als »Initiation« oder »Einweihung« wurde in alten Zeiten jene bis auf den Grund beziehungsweise bis zum Kern seines Wesens sich vertiefende Selbsterkenntnis des Menschen bezeichnet, wie sie heute durch die geschilderte Befreiung der verschiedenen Seelenkräfte von der Leibgebundenheit erlangt werden kann. Denn durch sie wird der Mensch in Geheimnisse seines Wesens »eingeweiht«, die ihm ohne eine solche Erkenntnis verschlossen bleiben. In früheren Epochen wurde dieses Ziel auf anderen Wegen, mit anderen, der damaligen Entwicklungsstufe der Menschheit angemessenen Mitteln (Meditation, Yoga, kultische Magie, Askese, Drogengenuß) erreicht, welche innerhalb der Mysterienstätten verwaltet und gehandhabt wurden. »Mysterien« wurden diese Stätten von den Griechen genannt, weil sowohl die Wege und Mittel wie auch die Erkenntnisergebnisse der Einweihung wegen der mit ihnen verbundenen Gefahren nicht öffentlich bekannt gemacht wurden.)

Damit ist ein höchst Bedeutungsvolles ausgesprochen. Wir haben ja am Ende des vorletzten Kapitels darauf hingewiesen, daß die Ausbildung einer »Lehre vom Menschen«, die das »Menschliche« in ihm wirklich zu erfassen imstande ist, die zentrale Forderung unserer Zeit darstelle. Wir zeigten, wie die durch den Gesamtcharakter der neueren Zivilisation immer stärker drohende Gefahr einer Auslöschung des eigentlich »Menschlichen« nur gebannt werden kann durch eine *Wissenschaft* vom Menschen, deren Inhalt auch die Wege weist zur *Verwirklichung* dessen, was uns zu Menschen macht. Denn die Wissenschaft war es auch, die als moderne Naturwissenschaft das Menschliche im Menschen in der neueren Zeit dem Bewußtsein hat entschwinden lassen. Die moderne Zivilisation benötigt daher, um nicht ins Un- oder Untermenschliche zu versinken, als ihr wichtigstes Ferment eine *echte Menschenwesenserkenntnis*.

Nachdem wir nun aber in den Ausführungen *dieses* Kapitels gesehen haben, in welchem Sinn die Erlangung einer solchen Menschenwesenserkenntnis an die besonderen Möglichkeiten des höheren Alters gebunden ist, enthüllt sich uns hier noch ein weiterer Zusammenhang, – der Zusammenhang nämlich zwischen den Verhältnissen, wie sie sich hinsichtlich der Gestaltung des menschlichen Lebenslaufs in der neueren Zeit herausgebildet haben, und dem, was der modernen Kultur als geistiger Inhalt eigen ist und was ihr fehlt. Wir haben gesehen, wie – im Gegensatz zur Altersverehrung früherer Zeiten – der Schwerpunkt des menschlichen Lebens in den letzten Jahrhunderten heruntergerückt ist in die erste Lebenshälfte, genauer: in die 20er Jahre. Wir sahen weiter, wie die Kräfte, mit denen die Natur den Menschen heute noch ausstattet: die Sinneswahrnehmung und das an diese sich haltende Denken, gerade in diesem Alter ihren Gipfel- und Endpunkt erreichen, und wie eben sie es sind, die der modernen Naturwissenschaft und Technik zugrundeliegen und in diesen der neueren Zeit ihren Erkenntnis- und Lebensinhalt gegeben haben. Wir hatten auch darauf hinzuweisen, wie durch diesen ganzen Sachverhalt für den modernen Menschen seine innere Entwicklung gegen die Lebensmitte entweder zum Stillstand kommt oder in eine fortschreitend sich vertiefende Krise eintritt.

Aus all dem wurde ersichtlich, daß eine zentrale Forderung unserer Zeit in der Ermöglichung einer inneren Weiterentwicklung des Menschen über die Lebensmitte hinaus besteht. Wir wiesen auf die seit dem 19. Jahrhundert aufgekommenen Bestrebungen einer Erwachsenenbildung hin. Wir machten aber auch geltend, daß diese, um die notwendige Wirkungskraft zu erlangen, einer Menschenerkenntnis als ihrer Grundlage bedürfen, die das Wesen des Menschlichen zu erfassen imstande ist.

Und jetzt hat sich uns gezeigt, wie die Ausbildung einer solchen an die Aktivierung der besondern Erkenntnismöglichkeiten der zweiten Lebenshälfte, ja des höheren Alters geknüpft ist. Was unserer Zeit fehlt, was sie braucht, – es wird so von zwei Seiten her sichtbar. Daß sie es bisher noch nicht zu einer wirklichen Menschenerkenntnis gebracht hat, ist nur die andere Seite der Tatsache, daß sie die Wege einer echten Altersentwicklung noch nicht zu erschließen vermocht hat, – und umgekehrt.

Man würde nun freilich, was wir so von zwei Seiten als die wesentlichste Zukunftsaufgabe aufzuweisen hatten, mißverstehen, wenn man glaubte, wir befürworteten damit die Rückkehr zu einer so einseitigen Hochschätzung des Alters, wie sie in früheren Zeiten geherrscht hat. Davon kann für denjenigen, der die wirklichen Forderungen der Gegenwart versteht, keine Rede sein: Worauf diese hinzielen, ist vielmehr eine gleichmäßig-harmonische Ausgestaltung *aller* Stufen des menschlichen Lebens in dem Sinne, daß das wesentlich *Menschliche* durch sie zur Verwirklichung kommt. Es ist die Ausbildung des *vollmenschlichen Lebenslaufs*. Was aber verlangt diese?

Wir haben im vorangehenden Kapitel darauf hingewiesen, wie fruchtbar die von Rudolf Steiner begründete Anthroposophie sich bereits erwiesen hat für die Ausgestaltung einer Erziehungs- und Unterrichtsmethodik für die *Jugend,* – indem wir zugleich auf die Prinzipien hindeuteten, die sich aus ihr für die pädagogische Behandlung der verschiedenen Altersstufen des heranwachsenden Menschen ergeben haben. Wir sprachen davon, wie durch diese Erziehungsmethodik dem Menschen wieder ein wahrhaft menschengemäßes Jungsein ermöglicht worden ist.

Wir haben des weiteren gezeigt, wie die aus der inneren Entwicklungslage der modernen Menschheit heraus für Gegenwart und Zukunft notwendig gewordene *Erwachsenenbildung* erst durch die Erkenntnisse der Anthroposophie die erforderliche innere Stoßkraft und Fruchtbarkeit wird erlangen können, weil erst durch diese in konkreter Weise sowohl der einzelne Mensch wie auch die Menschheit als in Entwicklung befindliche Wesen zur Darstellung kommen und die Gesetze und Bedingungen ihrer Entwicklung aufgewiesen werden.

Und wir haben schließlich in *diesem* Kapitel gesehen, wie die Quellen, aus denen diese Menschenwesenserkenntnis immer wieder neu geschöpft werden kann, im einzelnen Menschenleben in vollem Maß erst im höheren Alter zum Fließen gebracht werden können durch jene seelisch-geistige Schulung, welche eben die Methodik dieser Geisteswissenschaft selbst darstellt. Oder umgekehrt gesagt: wie die *Erringung* dieser Erkenntnis die spezifische Möglichkeit – und damit zugleich die Aufgabe – des *höheren Alters* bildet.

Aus all dem ergibt sich, daß die Menschheit in Zukunft ihr Menschentum nur wird bewahren können, wenn dem menschlichen Lebenslauf die Möglichkeit geschaffen wird, sich als das, was er in der neueren Zeit geworden ist: als *kontinuierlicher Erziehungsprozeß* durch alle seine drei Hauptstufen hindurch nach seinen wechselnden Bedingungen zu entfalten. Das bedeutet, daß in Zukunft innerhalb des menschlichen Geisteslebens *drei wesentlich unterschiedene Formen* oder Stufen von Erziehungswesen und Bildungsinstitutionen zur Ausgestaltung kommen müssen:

Ein Erziehungswesen für die *Jugend* beziehungsweise das erste Lebensdrittel, dessen Methodik und Lehrziele abzulesen sind den sich wandelnden Bedürfnissen und Bedingungen, welche den drei Jahrsiebenten dieser Lebensphase eigen sind.

Ein Bildungswesen für die *Erwachsenen* beziehungsweise die im mittleren Lebensdrittel Stehenden, welches in seinen Formen und Aufgaben den im vorigen Kapitel aufgewiesenen Entwicklungsstufen und -forderungen dieses Lebensalters angepaßt ist.

Und endlich eine Schulungsmethodik, die den besonderen Möglichkeiten des *höheren Alters,* des letzten Lebensdrittels entspricht. Sie wird den Charakter eines Weges der inneren, seelisch-geistigen Entwicklung tragen müssen. Sie wird mit anderen Worten ein modernes *Initiationswesen* darstellen müssen. Das heißt: sie wird in einer unserer Zeit entsprechenden Art die Funktion zu erfüllen haben, die in alten Zeiten einstmals die *Mysterienstätten* erfüllt haben. Nur wird eben anstelle des Geheimnisses, in welches jene sich hüllten, die volle Öffentlichkeit solcher Bestrebungen treten müssen, – und anstelle der autoritativen Führung der Novizen und Adepten durch die Hierophanten, Gurus usw. die bloße, an das eigene Denken des Schülers sich wendende Darstellung des Weges zu höherer Erkenntnis, wie er sich aus den Entwicklungsbedingungen der

Menschennatur selbst ergibt. Diesem Initiationswesen aber wird innerhalb des künftigen Geisteslebens – nicht äußerlich, sondern innerlich, dem Wesen nach – dieselbe *zentrale* Stellung zukommen müssen, die einstmals die Mysterien im Geistesleben älterer Zeiten eingenommen haben. Denn, wenn auch die Teilnahme an ihm nur für verhältnismäßig Wenige in Betracht kommt und in Betracht zu kommen braucht, so bildet es doch die Quelle, aus der die immer wieder neu muß geschöpft werden können, was an Erkenntnissen und Richtlinien auch für die Erwachsenenbildung und die Jugenderziehung benötigt wird. Und so stellt ja auch die Begründung der Anthroposophie, wie sie durch Rudolf Steiner erfolgt ist, nichts anderes und nichts geringeres dar als die Begründung eines *modernen,* den Entwicklungsbedingungen unseres Zeitalters entsprechenden *Initiationswesens,* – eines Schulungsweges, auf dem in einer dem heutigen Bewußtsein gemäßen Form die Forderung erfüllt werden kann, die über der Eingangspforte des delphischen Mysterientempels mit den Worten bezeichnet war: »Erkenne dich selbst.« Erst dann, wenn in solcher Weise ein Gesamtaufbau der Erziehungs-, Bildungs- und Entwicklungsmöglichkeiten in entsprechenden Methoden und Formen des Wirkens ausgestaltet sein wird, wird das geistige Leben diejenige Gestaltung und Gliederung erlangt haben, die den Lebensbedingungen der modernen Menschheit entspricht. Es wird dann in dieser so gegliederten Gestaltung ein Spiegelbild des sich entwickelnden Menschenwesens selbst beziehungsweise des wahrhaft menschlichen Lebenslaufs sein. Dann wird der Mensch selbst das »Maß« des kulturellen Lebens geworden sein und dadurch auch die »Kultur« wiederum dem Menschen ermöglichen, auf allen Stufen seines Lebens »Mensch« zu sein und zu bleiben.

7. Lebenslauf und soziale Gestaltung

Nachdem die Probleme des menschlichen Lebenslaufs bisher vom Gesichtspunkte des einzelnen Menschen aus betrachtet wurden, soll im Folgenden ihre Bedeutung vom Aspekte des sozialen Lebens aus ins Auge gefaßt werden. Hierfür kann an manches angeknüpft werden, was bereits in den vorangehenden Ausführungen an hierhergehörigen Motiven angeklungen ist. Wir beschränken uns hierbei allerdings im wesentlichen auf die neuere Entwicklung.

Auszugehen ist auch hier von der Grundtatsache der ganzen modernen Geschichte: der Geburt der *menschlichen Individualität* in dem Sinne, wie sie bereits in den vorangehenden Kapiteln gekennzeichnet worden ist. Wir wiesen darauf hin, wie sie wesentlich verknüpft ist mit der Umwandlung beziehungsweise Verinnerlichung, welche das menschliche Denken im Übergang zur neueren Zeit erfahren hat. Der abendländische Mensch empfindet seither das Gedankenelement nicht mehr als etwas, das in irgendeinem Sinne – sei es als universalia ante res oder in rebus – der Welt angehört und von ihm aus dieser nur empfangen wird, sondern ausschließlich als die Schöpfung seines eigenen Denkens. Und in dieser seiner begriffsschöpferischen Tätigkeit erscheint ihm, indem er sich in Descartes ihrer bewußt wird, geradezu die Realität seines Ichs begründet. In ihr aber wurzelt auch das *Freiheitserlebnis* in der besonderen Art, wie es dem modernen Menschen eigentümlich ist.

Durch diese Entwicklung zur Individualität hat der neuere Mensch sich schrittweise aus allen Bindungen und Gemeinschaftsformen geistiger, seelischer, leiblicher Art emanzipiert, in denen die Angehörigen älterer Zeiten noch drinnengestanden hatten.

Auf geistigem Gebiet ist er den religiösen Glaubensgemeinschaften fortschreitend entwachsen, da die noch weitgehend mythologisch gearteten religiösen Vorstellungen, die von diesen tradiert werden, dem Urteil nicht standhalten konnten, das er sich aus seinem individuellen Denken heraus über Gott, Welt und Mensch bilden mußte. Und auf wissenschaftlichem Ge-

biete vermochte er sich nicht weiter der Autorität eines Aristoteles oder anderer »Meister derer, die da wissen« (Dante), zu
unterwerfen, die das menschliche Denken vergangener Jahrhunderte beherrscht hatten, sondern mußte das Postulat der
freien, das heißt lediglich auf die Erfahrungstatsachen und das
selbständige Urteil des jeweiligen Forschers begründeten Wissenschaft aufstellen. Für beide Gebiete darf nochmals an Descartes erinnert werden, der zum Begründer der modernen Philosophie dadurch wurde, daß er zum Ausgangspunkt seines
Philosophierens den radikalen Zweifel an allem gemacht hat,
was bis dahin als wahr gegolten hatte.

In der politisch-rechtlichen Sphäre, in welcher der Mensch
vornehmlich durch sein seelisch-gefühlsmäßiges Erleben drinnensteht, hat das Erwachen der Individualität dazu geführt, die
ständischen Gruppierungen mit ihren rechtlichen Privilegien
und Benachteiligungen zu überwinden und die Forderung der
rechtlichen Gleichstellung aller Menschen aufzustellen; denn
der Charakter der Individualität, in welchem jetzt das wesentlich Menschliche gesehen wurde, muß jedem Menschen in gleicher Art zuerkannt werden. Welthistorischer Ausdruck dieses
Strebens wurden die im 18. Jahrhundert zuerst in Amerika
formulierten Erklärungen der Menschenrechte sowie die französische Revolution mit allem, was sie an Wirkungen auf die
moderne Welt ausgeübt hat. So entstand allmählich die neuzeit-
liche Demokratie mit ihrem allgemeinen gleichen aktiven und
passiven Wahlrecht, – die aber zu ihrem Gegenstück hat die
bloße Summe der aus allen früheren ständischen Zusammenhängen herausgelösten, ganz auf sich allein gestellten, als bloße
Individuen gedachten »Einzelnen«.

Und was schließlich die leibliche Sphäre betrifft, so steht der
moderne Mensch nicht mehr in so instinktiver, selbstverständlichen Weise in den Blutszusammenhängen seiner Familie, seines Volkes, seine Rasse drinnen wie derjenige älterer Zeiten.
Zu seiner inneren Befreiung aus diesen Gebundenheiten und
seiner vorurteilslosen, vielfach sogar kritischen Beurteilung
dieser Zusammenhänge hat ja besonders die Entwicklung des
modernen Weltverkehrs und schließlich der Weltwirtschaft bei-
getragen; denn diese hat nicht nur zu einem gegenseitigen Sich-
kennenlernen der verschiedensten Teile der Erdenbevölke-
rung, sondern auch zu ihrer Vermischung in einem früher nie
gekannten Maße geführt. Während im Beginne des Kolonisa-
tionszeitalters die farbigen Völker von den Europäern noch

als halbtierische Wesen betrachtet und dementsprechend behandelt wurden, sehen wir sie heute über die ganze Erde hin die volle Gleichberechtigung mit den weißen sich erkämpfen.

Hat in dieser Weise der moderne Individualismus auf der einen Seite alle früheren Gemeinschaftsgebilde schrittweise gesprengt, so kann man nun fragen, ob er auf der anderen Seite nicht zugleich auch neue geschaffen habe.

Hier ist nun fürs erste nochmals ein Grundphänomen der neuzeitlichen Entwicklung ins Auge zu fassen, auf das im Vorangehenden schon mehrfach hingewiesen wurde, und das als eine der eigenartigsten und zugleich bedeutungsvollsten Folgeerscheinungen jener Verinnerlichung und Individualisierung des Denkens bezeichnet werden muß, die der modernen Geistesentwicklung das Gepräge verliehen hat. Diesem modernen Denken, gerade weil es sich so ganz verinnerlicht hat, fällt es nicht leicht, sich ins rechte Verhältnis zur sinnlichen Wahrnehmung zu setzen. Obwohl die Eigenart der modernen Naturwissenschaft durch nichts anderes so sehr gekennzeichnet ist wie durch das Streben, die Begriffe (auf dem Wege der Induktion) ganz und gar aus der Sinneserfahrung herauszuholen und mit ihnen nirgends den Boden der letzteren zu verlassen, so liegt es dennoch in der Natur gerade des modernen Denkens, diese Beziehung immer wieder zu verlieren, indem entweder auf der Grundlage eines ganz beschränkten Bereiches von Erfahrungstatsachen weltumfassende Theorien mit dem Anspruch auf universelle Gültigkeit aufgebaut werden oder die Grenze der Sinneserfahrung gleichsam durchstoßen und hinter ihr eine Welt von erfahrungsjenseitigen Verursachungen hypothetisierend erdacht wird. Ja, man darf vielleicht behaupten, daß, wenn keine Zeit methodisch in so strikter Weise den Anschluß des Denkens an die sinnlichen Erfahrungstatsachen gefordert hat wie diejenige der modernen Naturwissenschaft, dies eben deshalb geschah und geschehen mußte, weil in keinem anderen Zeitalter dem menschlichen Denken ein so unbezähmbarer Hang innewohnte, sich in begrifflichen Abstraktionen zu verlieren, die sich von den Erfahrungstatsachen losgelöst haben. Und schaut man auf das Ganze der modernen naturwissenschaftlichen Weltanschauung hin, so muß man feststellen, daß dieser Hang über jenes methodische Bemühen dennoch triumphiert hat.

Mit dieser Tendenz des modernen Denkens ist aber unmittelbar eine andere verbunden. Produziert werden die Gedanken von der menschlichen Individualität immer in irgend einem Zusammenhang mit Erlebtem und Erfahrenem. Indem sie sich aber schon in ihrer Ausbildung leicht aus dieser Verbindung lösen und ihren Geltungsbereich durch Verallgemeinerung zu überschreiten streben, lösen sie sich damit gleichzeitig von der Individualität ihres Schöpfers los, spinnen sich im Gehirn gleichsam von selbst weiter und verbreiten sich dann, gewissermaßen als anonyme Theorie, im Raume des geistigen Lebens. Als solche können sie dann von jedem angeeignet werden, der ebenfalls über die Fähigkeit solchen abstrakten Denkens verfügt. Und diese Fähigkeit ist ja durch die fortschreitende Überwindung des Analphabetismus in der europäischen Menschheit und vor allem durch die Entwicklung der modernen Buch- und Zeitungsliteratur, wie sie die Erfindung der Buchdruckerkunst zur Folge gehabt hat, im umfassendsten Maß innerhalb dieser erworben worden. So entstand auf den verschiedensten Gebieten das, was man seit langem als *Öffentliche Meinung* bezeichnet, was aber seinem Umfange nach viel umfassender gedacht werden muß, als es gemeinhin geschieht. Es bezieht sich nämlich nicht etwa bloß auf politische Verhältnisse und Geschehnisse, sondern vor allem auch auf naturwissenschaftliche und weltanschaulich-philosophische Probleme. Bestimmte Auffassungen über die Natur, den Menschen, sein Wesen, seine Herkunft, seine geschichtliche Entwicklung, seine Erkenntnismöglichkeiten usw., welche ursprünglich von einzelnen Naturforschern und Philosophen ausgegangen sind, sind zu anonymen »öffentlichen Meinungen« geworden, und diese ziehen sich gewissermaßen durch die geistige Atmosphäre, in welcher die moderne Menschheit lebt, als eine so dicke, fast undurchdringliche, alles überdeckende Schicht hin, daß zu dem ihr zugrundeliegenden Tatsachenboden durchzustoßen kaum mehr möglich ist. In dieser Schicht von öffentlicher Meinung lebt und atmet der moderne Mensch als geistiges Wesen. Sie wird ihm schon durch die Erziehung in der Schule eingeflößt – denn was ist das Wissen, das ihm über Natur und Geschichte vermittelt wird, in den allermeisten Fällen anderes als die »fable convenue«, die über diese beiden Weltgebiete jeweils gerade zur herrschenden Mode geworden ist –, und sie dringt später, wenn er erwachsen geworden ist, durch Presse und Literatur, neuestens durch Radio und Television so pausenlos und gewaltsam auf ihn ein, daß er sich ihrer kaum mehr erwehren kann.

Wir deuteten auch schon darauf hin, wie auf diesem Wege

zwar auch eine »Gemeinsamkeit« erzeugt wird, eine Gemeinsamkeit von Auffassungen und Überzeugungen, die aber das wahrhaft individuelle Denken und damit die Individualität selbst auslöscht und das Phänomen der *Vermassung* erzeugt.Sie bringt die »Durchschnittsmenschen« hervor, die je nach staatlicher, nationaler oder klassenmäßiger Zugehörigkeit in den verschiedensten Varietäten auftreten und zum herrschenden Menschentypus unserer Zeit geworden sind. Die Kollektive dieser Durchschnittsmenschen sind das *moderne Gegenstück* zu den mannigfaltigen Gemeinschaftsformen, die in früheren Epochen bestanden haben. Während aber diese auf dem Prinzip der *Bluts*zusammenhänge beruhten, in welche der Mensch durch die *Natur* hineingestellt ist, und eine Menschheit gliederten, die noch nicht durch den Prozeß der Individualisierung und Intellektualisierung hindurchgegangen war, sind jene auf den *Geist* begründet, insofern er sich in dem Intellektualisierungsprozeß der neueren Zeit dokumentiert hat, und löschen die Individualisierung, welche dieser mit sich gebracht hat, wieder aus. Sie repräsentieren daher nicht diejenige Gemeinschaftsbildung, welche als eine *neue* zu entwickeln der modernen Zeit zur Aufgabe geworden ist, sondern sind *Pseudogemeinschaften,* die sich als Ersatz der geforderten anbieten und deren Ausbildung geradezu verhindern.

Nur ein spezielles Beispiel dieser modernen Kollektivismen ist das chauvinistische Nationalgefühl, das in unserer Zeit die Angehörigen derselben Nation verbindet und das, ein charakteristisches Produkt der letzten Jahrhunderte, sich so sehr von dem natürlichen Heimatgefühl und der Vaterlandsliebe älterer Zeiten und Völker unterscheidet. Dieser moderne Nationalismus ist eine typische Massenerscheinung, allem Individuellen feindlich und auf Nivellierung hintendierend, und er ist ganz wesentlich eine Frucht der naturwissenschaftlichen Weltanschauung, welche im einzelnen Menschen in ähnlicher Art nur ein »Exemplar« seiner nationalen »Art« sehen möchte, wie das einzelne Tier nur »Exemplar« seiner Gattung ist. Der amerikanische Präsident Woodrow Wilson, der das aus dieser Auffassung sich ergebende Ideal der »nationalen Selbstbestimmung« am Ende des Ersten Weltkriegs zum Hauptpunkte seines berühmten *Vierzehn-Punkte-Programms* machte, hatte bereits in einem Buche *Die neue Freiheit* 1911 die Worte geschrieben: »Das große Problem des Regierens beruht auf der Kenntnis dessen, was der Durchschnittsmensch erfährt und wie er seine

Erfahrungen beurteilt. Die meisten von uns sind Durchschnitts-menschen; nur sehr wenige erheben sich über das allgemeine Niveau der uns umgebenden Menschen, es sei denn durch glückliche Zufälle«, und an anderer Stelle: »Lebendige politische Verfassungen müssen in ihrem Bau und in ihrer Handhabung darwinistisch sein. Die Gesellschaft ist ein lebender Organismus und muß den Gesetzen des Lebens, nicht denen der Mechanik gehorchen; sie muß sich entwickeln. Alles, was die Fortschrittlichen verlangen oder wünschen, ist die Erlaubnis, inmitten eines Zeitalters, in dem ›Entwicklung‹ und ›Fortschritt‹ die Worte der Wissenschaft sind, – die Verfassung im Einklang mit den von Darwin ergründeten Naturgesetzen interpretieren zu können; alles, was sie verlangen, ist die Anerkennung der Tatsache, daß eine Nation ein lebendiges Wesen ist und keine Maschine …«[17] Blickt man darauf hin, zu welch rücksichtsloser Unterdrückung der geistigen Selbstbestimmung der *Individuen* die Verwirklichung des Rechts auf »Selbstbestimmung der *Nationen*« seit 1918 geführt hat, so hat man hier ein Musterbeispiel dafür vor sich, wie das, was heute »Öffentliche Meinung« geworden ist, die Auslöschung der Individualität zur Folge hat. Ganz zu schweigen von der bis zur physischen Ausrottung ganzer Bevölkerungen gehenden Barbarei, in welche der in Mittel- und Osteuropa zur »öffentlichen Meinung« gemachte Antisemitismus ausmündete.

Wenden wir uns speziell dem staatlichen Leben zu, so tritt uns ja in der Entstehung des politischen Parteiwesens, wie es sich in der neueren Zeit gestaltet hat, ein Urphänomen der »Gemeinschaftsbildung« auf Grund »Öffentlicher Meinung« entgegen. Denn wenigstens in ihren Anfängen waren die verschiedenen politischen Parteien – woran noch solche Namen wie konservativ, liberal, demokratisch, national usw. erinnern – durch politische Ideale bestimmt, in denen fast durchwegs gewisse, auf beschränkten Lebensgebieten durchaus berechtigte Forderungen zu allgemeinen Programmen verabstrahiert erschienen.

Hier sei aber noch auf ein anderes Phänomen der Blick hingelenkt. Die moderne Demokratie hat auf der einen Seite dazu geführt, daß nicht nur die Wahl der Abgeordneten der Parlamente und der Regierungsfunktionäre, sondern auch ein im-

---

[17] Zitiert aus Roman Boos: *Wirklichkeit und Schein im modernen Staatsbegriff.* Berlin 1931.

mer größerer Teil gesetzgeberischer Regelungen der Abstimmung entweder durch die ganze Bevölkerung oder durch die Volksvertretungen unterworfen werden. Auf der anderen Seite aber hat der moderne Staat zugleich immer weitere Sektoren des sozialen, namentlich der geistig-kulturellen und des wirtschaftlichen Lebens in den Bereich seiner Kompetenzen übernommen. Die Folge davon ist, daß heute – bei der ungeheuren Kompliziertheit, welche die Lebenszusammenhänge erfahren haben – bei Abstimmungen in der überwiegenden Mehrzahl der Fälle die meisten der Abstimmenden über die Sachkenntnis gar nicht verfügen *können,* welche für eine sachgemäße Beurteilung und Stellungnahme zu den betreffenden Angelegenheiten erforderlich wäre. Sie werden in bezug auf ihre Urteilskraft *überfordert,* und so bleibt ihnen nichts übrig, als sich, sofern sie nicht einfach bestimmte »Interessen« zu vertreten haben, an die Parolen der »Öffentlichen Meinung« zu halten. Durch diese Art von Demokratie wird die Macht der »Öffentlichen Meinung« geradezu immer mehr herangezüchtet.

Um aber auf die politischen Parteien zurückzukommen, so sind sie ja in neuester Zeit zum allergrößten Teil zu bloßen Vertretungen wirtschaftlicher Interessengruppen geworden. Und hierin dokumentiert sich eine weitere Grundtatsache der neueren Geschichte, die wir ebenfalls schon an früherer Stelle hervorgehoben haben: die Tatsache, daß das *Wirtschaftsleben* zur fast *alleinigen Wirklichkeit* des modernen Lebens geworden ist. In den Gegensätzen der wirtschaftlichen Interessen aber, wie sie sich in neuerer Zeit herausgebildet haben, spiegelt sich die – oben auch schon geschilderte – Verselbständigung wider, welche das Wirtschaftsleben überhaupt gegenüber den anderen Gebieten des sozialen Lebens erfahren hat. Es verläuft heute ausschließlich nach seinen eigenen Gesetzen, und diese kommen in den Spannungen zwischen den verschiedenen Interessengruppen unverhüllt zum Ausdruck. Aus den mannigfaltigen Gegensätzen von Interessengruppen wie etwa der Industrie, des Handels, des Handwerks und Gewerbes, der Kleinbauern und der Großgrundbesitzer usw. sei hier als Beispiel nur derjenige hervorgehoben, der sich als der bedeutsamste und geschichtlich folgenreichste herausgebildet hat: der Gegensatz der Unternehmer und der Arbeiter, – der »Kapitalisten« und der »Proletarier«. Sind in den Zusammenschlüssen: Verbänden, Gewerkschaften, politischen Parteien, in denen sich diese beiden Gruppen organisiert haben, neue menschliche Gemeinschaftsbildungen entstanden?

Diese Frage stellen, heißt sie verneinen. Wir haben es in ihnen vielmehr mit *Kampforganisationen* zu tun, in denen sich – durch die Not ihrer Lage gezwungen – diejenigen vereinigt haben, die im »Kampf ums Dasein«, zu dem das moderne Wirtschaftsleben geworden ist, auf derselben Seite stehen. Es sind sozusagen Kriegsbündnisse, durch welche mit mehr Aussicht auf Erfolg der Kampf geführt werden kann, als wenn von den in ihnen Vereinigten jeder für sich allein kämpfte. Daß aber das Wirtschaftsleben diesen Krieg erzeugt beziehungsweise in der Form, die es in der neueren Zeit angenommen hat, den Charakter eines permanenten Kriegszustandes bekommen hat, ist ein Beweis für die oben schon aufgewiesene Tatsache, daß es aus der ihm innewohnenden Eigengesetzlichkeit heraus keine wahrhaft menschliche Lebensgestaltung hervorzubringen vermag und daher, wenn es alleinige Lebenswirklichkeit wird, die Menschennatur korrumpiert und die sozialen Verhältnisse ins Unmenschliche entarten läßt. Das moderne Wirtschaftsleben baut durch seine Eigennatur »menschliche« Gemeinschaft zwischen Menschen fortdauernd ab und prägt in demselben Maße, als es alleinherrschend wird, dem gesamten sozialen Leben den Charakter eines Kampfes ums Dasein, eines Krieges Aller gegen Alle auf. Wenn wir diejenigen Kräfte des sozialen Lebens, die gemeinschaftsbildend wirken, als »soziale« im besonderen Sinne bezeichnen dürfen, jene dagegen, die gemeinschaftsauflösend wirken, als »antisoziale«, so stellt das Wirtschaftsleben im modernen sozialen Organismus den Pol der antisozialen Kräfte dar. Damit ist nicht eine Kritik, sondern lediglich eine Charakteristik dessen gegeben, was die Eigengesetzlichkeit der modernen Wirtschaft, vom soziologischen Aspekt aus gesehen, ausmacht. Und gestalten sich die Verhältnisse so, daß dieser Pol der antisozialen Kräfte der allein wirksame im sozialen Leben wird, so zeigt dies eben in seiner Gesamtheit jene fortdauernde Tendenz zum Zerfall, zur Zerklüftung, zum Ausbruch kriegerischer Konflikte oder revolutionärer Chaotisierung, die seinen heutigen Zustand in der Tat im höchsten Maße kennzeichnet.

Nun zielen ja seit einem Jahrhundert die Bestrebungen darauf hin, diesem Kriegszustand des modernen Wirtschaftslebens mit all den Erscheinungen der Unterdrückung, Vergewaltigung und Versklavung, die er im Gefolge hat, ein Ende zu machen durch eine »*Sozialisierung*« desselben. Es ist hier nicht nötig, im einzelnen auf die verschiedenen Wege einzugehen, die zu diesem Ziele gewiesen und auch tatsächlich eingeschlagen worden sind. Es genügt, darauf hinzuweisen, daß sie alle in irgend einer, sei es extremeren oder milderen Form, dazu führen, die Verfügung über Kapital und Produktionsmittel aus privaten Händen in die der »Allgemeinheit«, und das heißt: des Staates überzuleiten und anstelle des freien Handels und des freien Wettbewerbs der Produzenten eine staatliche Planung und Lenkung des gesamten Wirtschaftsprozesses zu setzen. Diese Verstaatlichung des Wirtschaftslebens führt aber, wie die Gegenwartsgeschichte in hinlänglichem Maße gezeigt hat, mit Notwendigkeit zur Hypertrophie des Staates. Die staatliche Regulierung und Reglementierung des gesamten Lebens erreicht ein solches Übermaß, daß die Freiheitssphäre des Einzelnen bis zu einem Grade eingeengt wird, der ihrer völligen Aufhebung gleichkommt. Und so geht die soziale Freiheit, die der moderne Mensch sich errungen hat, Stück für Stück wieder verloren und macht einer ganz neuartigen Allmacht des Staates über die Menschen Platz. Es vollzieht sich hier auf äußerlich-materiellem Gebiet ein ganz analoger Vorgang wie auf innerlich-seelisch-geistigem Gebiet durch die wachsende Macht der »öffentlichen Meinung«. Die soziale Frage als Problem einer den modernen Verhältnissen wahrhaft entsprechenden Gemeinschaftsbildung wird nicht wirklich gelöst, sondern es werden die menschlichen Individualitäten lediglich gleichsam zu dem amorphen Brei einer Masse zerstampft, der mit den Mitteln staatlicher Diktatur geformt und in seinen Bewegungen gelenkt und dessen Kräfte mit diesen Mitteln gebändigt oder, je nach Bedarf, auf die entsprechenden Schlachtfelder geworfen werden. Da aber die Gesinnung nicht geändert wird, das heißt die Wirtschaft nach wie vor als einzige Realität, und Recht und Geist lediglich als »Ideologie« betrachtet werden, so wird der Daseinskampf nur aus der Sphäre der Wirtschaft in diejenige der Politik verlagert, wo er sich dann als Kampf um die Macht im Staate – mit den permanenten »Säuberungen« und Liquidierungen der »Verräter« – oder als teils kalter, teils heißer Krieg zwischen den verschiedenen staatlich-wirtschaftlichen Machtblöcken abspielt, in welche die Gesamtmenschheit aufgeteilt wird. Aus dem Wirtschaftsleben allein – gleichgültig, ob man es individualistisch oder sozialistisch, das heißt privat- oder staatskapitalistisch gestaltet – wird sich *nie* eine wahrhaft *menschliche* Sozialordnung ergeben. Solange es als einzige Realität gilt, Recht und Kultur aber nur als Ideologie, wird die Korrumpierung des Menschen von seiner Seite her nicht aufhören, sondern nur immer wieder neue Formen annehmen.

Hieraus kann ersichtlich werden, in welcher Richtung die wirkliche Lösung des Problems moderner Gemeinschaftsbildung gesucht werden muß. Sie kann nur darin liegen, daß die anderen Sphären des sozialen Lebens, insbesondere die geistig-kulturelle, auf eine der heutigen Entwicklungsstufe der Menschheit entsprechende Weise wieder den Charakter einer selbständigen, vom Wirtschaftlichen unabhängigen Realität gewinnen und als solche jene »sozialen« Kräfte in das Menschheitsleben hineinfließen lassen, die den »antisozialen« des Wirtschaftslebens entgegenwirken.

Eine solche selbständige Realität eignete dem Geistesleben in alten Zeiten dadurch, daß die in ihm wirksamen Fähigkeiten und damit auch deren Schöpfungen religiöser, künstlerischer, erkenntnismäßiger Art als *Gaben des Kosmos* erlebt wurden, die dem Menschen im Laufe seines Lebens durch die verschiedenen Planetensphären in der Art verliehen wurden, wie dies im ersten Kapitel dieses Buches geschildert worden ist. Dadurch behauptete das geistige Leben damals noch eine so dominierende Stellung, daß in die aus *seinen* Bedingungen sich ergebenden Gliederungen der Menschen noch ganz auch deren wirtschaftliche Beziehungen und Verrichtungen eingebettet waren.

Eine selbständige Realität kam in einer mittleren Epoche, wie wir im zweiten Kapitel schilderten, noch dem staatlich-rechtlichen Leben zu, weil in ihm dasjenige erblickt wurde, was in spezifischer Weise gerade den Menschen kennzeichnet und außerhalb desselben nirgends in der Welt, weder bei Göttern noch bei Tieren zu finden ist. Und im Sinne des »Zoon politikon« ein *Mensch* zu sein, dahin zielte alles Streben, das die Menschen der griechisch-römischen Kultur beseelte.

Warum eigentlich haben diese beiden Lebensgebiete, – warum hat insbesondere das geistige Leben in neuerer Zeit den Charakter einer selbständigen, in sich begründeten Realität so ganz eingebüßt? Indem wir die Antwort auf diese Frage suchen, eröffnet sich uns noch ein weiterer Aspekt der Tatsachen, die wir von anderen Gesichtspunkten aus in den letzten Kapiteln geschildert haben. Die Individualisierung des Menschen, wie sie in der neueren Zeit stattgefunden hat, mußte sich durch sich selbst *zunächst* so auswirken, daß innerhalb des menschlichen Lebenslaufs die *erste Hälfte* ein *Übergewicht* bekam über die zweite. Denn so, wie wir im letzten Kapitel bemerkten, daß die verschiedenen Charaktere der Menschen besondere Affinitäten besitzen zu den einzelnen Lebensaltern, so daß die Menschen, je nach ihrer Charakteranlage, im jugendlichen, im Mannes- oder im Greisenalter sich vorteilhafter ausnehmen und ihr Wesen zur Geltung bringen können, – so hat der Prozeß der Individualisierung auf seiner ersten Etappe eine besondere Verwandtschaft zur ersten Lebenshälfte des Menschen; denn in dieser arbeitet sich ja ganz allgemein die Persönlichkeit aus den Blutszusammenhängen, aus denen sie auf Erden hervorgegangen ist, aus der Abhängigkeit von Eltern und Erziehern heraus und stellt sich auf sich selbst.

Dieser ganz allgemeinmenschliche und darum in *gewissem* Maße für alle Zeiten geltende Wesenszug der ersten Lebenshälfte erfuhr in den letzten Jahrhunderten eine außerordentliche Potenzierung dadurch, daß gerade in dieser Zeit auch im geschichtlichen Sinne die »menschliche Individualität« geboren wurde und ihre ersten geschichtlichen Lebensschritte machte. Diese Potenzierung kam vor allem dadurch zustande, daß den heranwachsenden Generationen jeweils schon in ihrer Schulbildung, die gerade jetzt auch erst eine allgemeine wurde, jenes moderne verinnerlichte Denken beigebracht wurde, welches diese Individualisierung ja recht eigentlich bewirkte. Und so sind denn auch in den letzten Jahrhunderten im allgemeinen gerade die jungen oder wenigstens noch in ihrer ersten Lebenshälfte stehenden Menschen es gewesen, welche die Rechte der Individualität, die freie Selbstbestimmung der Persönlichkeit gegenüber Tradition und Konvention geltend machten, – bis hin zur Jugendbewegung des beginnenden 20. Jahrhunderts.

Nun hat aber die erste Lebenshälfte auch noch eine andere Eigentümlichkeit, auf die wir bei der Darstellung des menschlichen Lebenslaufs ebenfalls schon hingewiesen haben: daß nämlich die seelischen Fähigkeiten, die bis etwa zum 28. Lebensjahr im Menschen sich entwickeln, gewissermaßen von selbst als Begleiterscheinungen der entsprechenden leiblichen Bildungsprozesse auftreten, die bis dahin vor sich gehen. Erst vom Ende der 20er Jahre an ist der Mensch, um in seiner seelischen Entwicklung weiterzukommen, darauf angewiesen, diese auf dem Wege der Selbsterziehung zu erstreben. Vom Menschen bis zu dem genannten Lebensalter gilt in der Tat das oben bereits zitierte Wort des Baccalaureus aus dem *Faust*:

> »Des Menschen Leben lebt im Blut, und wo
> Bewegt das Blut sich wie im Jüngling so?
> Da ist lebendig Blut in frischer Kraft,
> Das neues Leben sich aus Leben schafft.«

Das hat aber zur Folge, daß eine Kultur, die vornehmlich aus den Kräften gespeist wird, die der Mensch bis zum 28. Jahr entwickelt – und wir haben ja gesehen, daß dies für das naturwissenschaftliche Zeitalter in der Tat der Fall war –, die Tendenz zum *Materialismus* zeigt, das heißt zu der Auffassung, daß *alles* seelisch-geistige Leben nicht in einer selbständigen Realität gründe, sondern bloße *Wirkung leiblich-materieller Prozesse* sei. Ob man nun diese materiellen Prozesse in den physiologischen Vorgängen des leiblichen oder in den wirtschaftlichen des sozialen Lebens erblickt, sind nur verschiedene Spielarten derselben Grundauffassung.

Und hier erst kann nun die Bedeutung hervortreten, die einer solchen Fortsetzung und Steigerung der menschlichen Selbsterziehung bis in die höheren Altersstufen hinauf, wie wir sie in den letzten Kapiteln skizziert haben, für die soziale Problematik unserer Zeit zukommt. Wir haben ja gesehen, wie die spezifischen Fähigkeiten des mittleren und gar diejenigen des letzten Lebensdrittels nur zum Vorschein kommen, insofern sie der Mensch selbst auf dem Wege der Selbsterziehung, ja der systematischen inneren Schulung in sich erweckt.

Und wir haben weiter gesehen, wie insbesondere diejenigen des höheren Lebensalters dadurch in der Seele hervortreten, daß die Kräfte derselben, die sich während des Heranwachsens mit dem Leibe verbunden haben, durch die sich steigernde Aktivierung des inneren Wesens von diesem wieder losgelöst und in solche einer höheren Erkenntnis beziehungsweise eines höheren Bewußtseins verwandelt haben. Die seelisch-geistige Entwicklung in den späteren Lebensphasen emanzipiert sich in diesem Sinne immer mehr von der leiblichen Grundlage, und das geistige Erleben und Schaffen, das sich so entfaltet, ist damit durch sich selbst ein Beweis für die dem Körperlich-Materiellen gegenüber selbständige Realität des Geistigen. Ein Beweis, der nicht theoretisch durch Argumente geliefert wird, sondern in Lebenstatsachen besteht. Denn die geistige Produktivität wird hier dem fortschreitenden Verfall des Leibes abgerungen. Insbesondere aber erweist sich dadurch erst die menschliche Individualität selbst als geistige Wirklichkeit.

Wird eine solche geistige Altersentwicklung durch vermehrtes Beschreiten der ihr entsprechenden inneren Schulungswege – in der Art, wie es am Ende des letzten Kapitels skizziert wurde – in Zukunft zu einem selbstverständlich anerkannten Bestandteil menschlicher »Bildung« überhaupt und erlangen ihre Erkenntnisfrüchte allmählich im allgemeinen Geistesleben jene Stellung und jenes Gewicht, die ihrer inneren Bedeutung entsprechen, so wird dies zur naturgemäßen Folge haben, daß das *Geistige überhaupt wieder als eine selbständige Wirklichkeit* anerkannt wird. Denn wie ein aus Jugendkräften gespeistes Geistesleben zum Materialismus hintendiert, so führt ein aus geistigen Altersfähigkeiten genährtes zu einer spirituellen Weltauffassung. Innerhalb des sozialen Lebens aber wird dann der geistig-kulturelle Sektor nicht mehr nur als ein Anhängsel oder eine Verzierung des wirtschaftlichen erscheinen, sondern sich als ein eigenständiger Wirklichkeitsbereich behaupten. Da die Schaffensquellen eines solchen Geisteslebens die Frucht einer freiwilligen, das heißt moralischen Aktivierung des inneren Wesens des Menschen darstellen, werden von ihm auch die moralischen, »sozialen« Kräfte ausgehen können, die den »antisozialen« des Wirtschaftslebens das Gegengewicht zu halten vermögen.

Wodurch wird ein so geartetes Geistesleben solcher sozial aufbauender, gemeinschaftsbildender Wirksamkeit fähig sein? Da brauchen wir uns nur daran zu erinnern, wie – im vorletzten Kapitel – gemäß der Struktur des menschlichen Lebenslaufs die Eigenart der höheren Stufen der Selbsterziehung, namentlich von der Lebensmitte an, geschildert werden mußte. Wir sprachen von dem »Umstülpungsprozeß«, der im Verhältnis zwischen »Mensch und Welt« um die Mitte der 30er Jahre stattfindet. Wir schilderten, wie der Mensch bis dahin ein »Nehmender« ist, dann aber ein »Gebender« werden kann. Wie er bis zur Lebensmitte seelisch gleichsam vom Zentrum seines eigenen Wesens in die Welt hinausgeblickt hat, nun aber lernen muß, vom Umkreis der Welt her auf sein eigenes Wesen und Wirken hinzublicken. Wie er, wenn er in seiner Entwicklung weiterkommen will, die Stellung und Bedeutung dessen in der Welt, was er zu geben hat, gleichsam mit den Augen eines Fremden zu betrachten und zu beurteilen sich bestreben muß. Hat er sich früher schrittweise aus der Umwelt, aus der er hervorgegangen ist, ausgegliedert, so wird er sich jetzt der Verpflichtung bewußt, sich mit seinem Wirken in die Welt gemäß deren Forderungen richtig einzugliedern. Wenn er in der ersten Lebenshälfte mit Recht seine Ansprüche an die *Welt* geltend gemacht hat, so muß er sich jetzt die Frage stellen und beantworten: Was verlangt die Welt von mir? Kurz: erst jetzt geht ihm eigentlich der Sinn auf für die Bedingungen der Gemeinschaftsbildung, wie sie in unserer Zeit geartet sind. Denn das Wesentliche der Entwicklung, wie wir sie hier über die Lebensmitte hinaus geschildert haben, besteht ja darin, daß sie über die volle Ausbildung der Individualität geht, ja nichts anderes ist als diese. Und eine *wahrhaft moderne Gemeinschaftsbildung* kann nicht auf die Auslöschung oder auch nur auf die Schwächung der Individualität begründet werden, sondern muß gerade als eine *Frucht der vollen Entwicklung der Individualität* erwachsen. Ihren Boden kann nichts anderes bilden als eben die Entfaltung des Menschen zur Individualität.

Gewiß, die *Jugend* ist in besonderem Maße die Zeit, da Freundschaften geschlossen werden. Diese kommen da sozusagen noch von selbst, durch ein natürliches Bedürfnis nach seelischer Verbindung, zustande. Aber wie wenige dieser Jugendfreundschaften haben für das ganze Leben Bestand! Man schließt sich im allgemeinen mit Gleichgearteten und Gleichgesinnten zusammen. Aber das eigentlich Individuelle hat sich da noch gar nicht voll offenbart. Tritt es im weiteren Verlauf des Lebens dann, schicksalgestaltend, völlig in Erscheinung, so löst sich in der Regel die frühere Gemeinsamkeit der Gesinnungen und Ideale auf. Die Wege des Lebens nehmen so verschiedene Richtung, daß man sich gegenseitig nichts mehr zu sagen hat.

Es gibt dann eine zweite Art von Beziehungen, in die man durch seinen *Beruf* gebracht wird: es ist das Verhältnis zu seinen Mitarbeitern, Vorgesetzten und Untergebenen. Da aber die Berufe heute im allgemeinen aufs äußerste spezialisiert sind, ist es nur ein ganz winziger Ausschnitt aus dem Ganzen des menschlichen Lebens, in welchem die Daseinssphären verschiedener Menschen sich da berühren. Daher verbleiben diese Beziehungen meist ganz an der Peripherie oder sie bilden das Schlachtfeld jenes wirtschaftlichen Kampfes ums Dasein, zu dem das soziale Leben heute in weitestem Umfang geworden ist. Daß diese Beziehungen – da in ihnen ja der Mensch normalerweise für lange ausharren muß – einer Verbesserung bedürfen und daß die Notwendigkeit dieser Verbesserung heute auch schon eingesehen wird, dafür ist ein Beweis, zum Beispiel die unter dem Begriff »Human relations« in Amerika entstandene und namentlich seit dem Zweiten Weltkrieg auch in Europa vordringende Bewegung, welche sich die Pflege der menschlichen Beziehungen in wirtschaftlichen Betrieben zur Aufgabe macht.Freilich bedient man sich zu diesem Zwecke hierbei noch in der Hauptsache psychologischer Experten, die – vornehmlich aus den Gedankengängen der modernen Tiefenpsychologie heraus – die seelischen Komplexe zu erforschen und zu lösen haben, an denen die in Betrieben zusammenarbeitenden Menschen laborieren. Außerdem geschieht diese Pflege der »menschlichen Beziehungen« vielfach unter dem Gesichtspunkt, daß durch sie eine höhere Arbeitsleistung und damit für den Unternehmer ein größerer Profit erzielt werden könne. Eine wirkliche Verbesserung wird auf diesem Gebiete nur erreicht werden können, wenn das hier vorliegende Problem in sachgemäßer Weise an seinem Kerne angepackt wird. Dieser liegt, wie schon angedeutet, in der bis zum Äußersten getriebenen Spezialisierung, welche die Berufstätigkeit durch die moderne technische und soziale Arbeitsteilung erfahren hat. Da in diese vielfach bis auf wenige, immer nur in gleicher Weise zu wiederholende Handgriffe reduzierte Betätigung vom »Menschlichen« im Menschen kaum etwas einzufließen vermag, so ist die Arbeit damit zugleich immer mehr entseelt worden. Und diese Entseelung überträgt sich auch auf die Beziehungen zu denen, mit welchen zusammen man in diese Arbeit hineingestellt ist. Das Element menschlich-seelischer Beteiligung, welches im Handwerker früherer Zeiten die Arbeit selbst durch ihre weitgehend künstlerische Qualität erzeugte, muß dem heutigen Arbeiter und Angestellten von anderer Seite her ermöglicht werden. Nämlich dadurch, daß im selben Maße, in dem sich seine *Tätigkeit* spezialisiert, verengt hat, sein *Bewußtsein* von den wirtschaftlich-sozialen Zusammenhängen, in welchen seine Tätigkeit drinnensteht, *erweitert* wird. Dies kann zum Beispiel geschehen durch in regelmäßigen Zeitabständen abzuhaltende Betriebsvorträge oder -besprechungen, in welchen Darstellungen gegeben werden vom Aufbau der betreffenden Betriebe, von ihrer Verflochtenheit in den Gesamtwirtschaftsprozeß nach der Lieferanten- und nach der Kundenseite hin, vom Werdegang der verarbeiteten Materialien vom Roh- bis zum Fertigprodukt usw., kurz: durch eine *Bildungsarbeit,* welche eine besondere Form der »Erwachsenenbildung« darzustellen hätte. Was nicht mehr unmittelbar aus der Arbeit als solcher, das kann heute nurmehr aus dem Einblick in das Ineinandergreifen von wirtschaftlichen Prozessen und Interessen, von geistigen Fähigkeiten und materiellen Bedürfnissen, von rechtlichen Ansprüchen und Verpflichtungen usw. dem Einzelnen an menschlicher Anteilnahme erfließen, die er dann auch in seine Arbeit und in die Beziehungen zu seinen Mitarbeitern hineinzugießen vermag.

Eine dritte, höchste Art von Beziehungen kann erst zwischen Menschen entstehen, die in der Entwicklung ihrer Individualität so weit gekommen sind, daß sie sich der Eigenart und der Grenzen derselben bewußt geworden und die Notwendigkeit der Ergänzung derselben durch Verbindung mit anderen Individualitäten empfinden, aber diesen anderen dasselbe Recht auf Eigenart und Selbstbestimmung zubilligen, das sie für sich in Anspruch nehmen müssen. Im Gegensatz zu den Jugendfreundschaften, die auf Gleichartigkeit beruhen, werden also solche Beziehungen gerade von Verschiedenartigen gesucht werden. Ein solches Zusammenwirken von Menschen, das auf freiester *Selbstbestimmung* jedes Einzelnen wie auf unbedingtester gegenseitiger *Toleranz* beruht, wird im allgemeinen erst im höheren Lebensalter möglich und bildet erst den vollen, *aufbauenden Gegenpol* zu den gemeinschaftsabbauenden Kräften, welche im individuellen Leben in der ersten Lebenshälfte überwiegen und im sozialen Leben heute durch die Vorherrschaft der Wirtschaft dominieren.

Wenn wir an früherer Stelle als weltgeschichtlich vorbildliches Beispiel für die von unserem Zeitalter geforderte Entwicklung der Individualität durch Selbsterziehung das Leben *Goethes* und *Schillers* erwähnten, so darf hier als ein solches der von unserer Epoche geforderten Gemeinschaftsbildung der *Freundschaftsbund* noch hervorgehoben werden, zu dem sie sich *nach* erfolgter Selbstverwandlung auf der Höhe ihres Lebens und Schaffens zusammengefunden haben. Wir wiesen auch bereits darauf hin, wie wegen der geradezu polarischen Gegensätzlichkeit ihrer Wesensarten, die sie beide vorher von einander abgestoßen hatte, dieser Bund erst zustandekommen konnte, als zwar jeder seine Eigenart zu voller Entschiedenheit ausgebildet hatte, aber zugleich auch die Notwendigkeit ihrer Ergänzung durch ihren Gegenpol erkannte, empfand und bejahte. Goethe faßte, was hier geschah, im Rückblick (in seinen

Annalen) einmal in die einfachen Worte zusammen: »Schillers ideeller Tendenz konnte sich meine reelle gar wohl nähern, und weil beide doch nicht zu ihrem Ziele gelangen, so traten beide zuletzt in einem lebendigen Sinne zusammen.« Und ein moderner Literaturforscher (Michael Bernays in seiner Goethebiographie) kennzeichnet die weltgeschichtliche Bedeutung dieser Vereinigung in folgender Art: »Ist im Kunst- und Geistesleben einer Nation der von allen strebenden Kräften lange vorbereitete Moment gekommen, in welchem das Höchste zur Erscheinung gelangen soll, so geschieht es nicht selten, daß dieses Höchste in zwei Gegensätzen gespalten auseinandertritt. Diese verharren dann in feindseliger Trennung. Hier zum ersten und einzigen Mal, zeigt sich uns das erhebende Schauspiel, daß die Gegensätze sich suchen, um sich zu versöhnen. Schillers und Goethes Bund darf als die innigste Vereinigung der schärfsten Gegensätze bezeichnet werden; er ist zugleich die unerwartete höchste Blüte, zu der das Zeitalter der Humanität si sich entfalten konnte.« Diese Freundschaft hat denn auch unvermindert bis zum Tode Schillers fortgedauert.

Das Entscheidende, was durch die vorangehende Darstellung gezeigt werden sollte, liegt also darin, daß durch den geschichtlichen Prozeß der Individualisierung in unserer Zeit der der ersten Hälfte des menschlichen Lebens wesensgemäß eigentümliche Vorgang der Verselbständigung der Persönlichkeit ganz erheblich verstärkt worden ist, so daß wir geradezu von der Entfaltung gemeinschaftsauflösender, antisozialer Kräfte in dieser Lebensphase des heutigen Menschen sprechen können. Diese *Antisozialität* in der ersten Lebenshälfte entwickeln zu können, ist aber eine unvermeidliche, ja unerläßliche Notwendigkeit; denn nur sie gewährleistet die *soziale Freiheit,* welche für die *moderne Menschheit* eine *Lebensbedingung* darstellt. Das moderne Leben muß also diese antisozialen Kräfte als ein durchaus positives Element, gewissermaßen als den einen Pol seiner Wirksamkeit, in sich aufnehmen; es muß aber allerdings, als den Gegenpol derselben, zugleich die gemeinschaftsbildenden, eigentlich »sozialen« Kräfte entwickeln, – und diese können nur dadurch entbunden werden, daß die individuelle Entwicklung des Menschen in rechter Weise in die zweite Lebenshälfte hinein fortgeführt wird; denn da läßt sie durch sich selbst in ihm die gemeinschaftsbildenden Fähigkeiten aufsprießen. Es kommt also, wie man sieht, alles auf das *richtige Hindurchgehenkönnen durch den ganzen Lebenslauf* an im Sinne dessen, was dieser in unserer Epoche geworden ist.

Dadurch unterscheiden sich die Lebensbedingungen der modernen Sozietät grundsätzlich von denjenigen des alten Griechentums. Damals kam das »Rechte« beziehungsweise die »goldene Mitte« einfach dadurch zustande, daß man im staatlichen Leben die Jungen und die Alten gewissermaßen »zusammenspannte« und ihre gegensätzlichen Tendenzen dadurch zum Ausgleich brachte. Das war dadurch möglich, daß *auf naturgemäße Weise* damals Jugend und Alter Eigenschaften entwickelten, die entgegengesetzte Einseitigkeiten und damit sich ergänzende Gegensätze darstellten.

Heute würde ein solches bloßes »Zusammenspannen« derselben allein nicht genügen. Denn *auf natürliche Weise* entwickelt der *heutige* Mensch im Alter *nicht* – oder jedenfalls bei weitem nicht in zureichendem Maße – jene Kräfte, die ein volles Gegenstück bilden zu der Antisozialität, die er in der Jugend entfaltet. Er vermag sie nur zu entwickeln, wenn er sich durch sein ganzes Leben hindurch das entsprechende Maß von *Selbsterziehung* angedeihen läßt. Das soziale Problem ist also heute *primär* ein *individuelles*. Es läßt sich nicht unmittelbar durch bestimmte äußere Einrichtungen lösen, sondern muß zunächst im und vom *einzelnen Menschen* als solchem in entsprechender Weise gelöst werden, und zwar von jeder neuen Generation wieder von neuem. Dann allerdings werden zu dieser inneren, seelisch-geistigen Lösung auch bestimmte äußere organisatorische Lösungen hinzukommen müssen. Aber die letzteren bekommen durch jene ersteren erst einen Boden, auf dem sie sich fruchtbar auswirken können. Hierbei wird es sich allerdings nicht mehr so sehr darum handeln, Junge und Alte speziell im politischen Leben zum rechten Zusammenwirken zu vereinigen, als vielmehr darum, im gesamten Umfang des sozialen Lebens: im wirtschaftlichen, politischen und geistig-kulturellen Leben zu einer *Gliederung* der Aufgaben und Funktionen zu gelangen, welche die Jungen und welche die Alten ihren spezifischen Fähigkeiten gemäß zu erfüllen geeignet sind. Die sozialen *Räume* zu schaffen, in welchen sich diese verschiedenartigen Fähigkeiten in für das soziale Ganze fruchtbarer Weise entfalten und betätigen können, wird zu den wesentlichen Aufgaben sozialer Gestaltung in der Zukunft gehören.

Ansätze hierzu finden sich heute bereits vielerorts. In Amerika hat *Walter Pitkin* durch seine Bücher *Life begins at Forty* und *Careers after Forty* den Bemühungen einen starken Impuls gegeben, den spezifischen Fähigkeiten der Alten erhöhte Aufmerksamkeit zuzuwenden und ihnen gemäße soziale Betätigungsfelder zu eröffnen. Er hat vor allem auch darauf hingewiesen, daß die ungeheure Komplikation, welche alle Lebensverhältnisse in unserer Zeit erfahren haben, für leitende, verantwortungsvolle Posten heute ein Maß von Erfahrung und Überschau erfordert, das erst im höheren Alter erreicht werden kann. »Heutzutage«, so schreibt er in dem erstgenannten Buch, »wird nicht einmal ein alter Mensch die Welt mit allen ihren Begebenheiten überblicken können – wieviel weniger gar ein junger. Es trifft wahrhaftig zu, daß die Welt immer komplizierter wird. Aber gerade deshalb befinden sich ältere Menschen, die die Vierzig überschritten haben, heute den jüngeren gegenüber immer mehr im Vorteil, während sie sich gleichzeitig ihre langsam abnehmende Energie immer weniger zu Herzen zu nehmen brauchen. In wenigen Jahrzehnten werden die Zustände noch zehnmal verwickelter sein, weil die Welt bis dahin keine Entfernungen mehr kennen und zu einem riesigen Dorf geworden sein wird. Kein Mensch unter fünfunddreißig wird dann die wirtschaftlichen und sozialen Zusammenhänge so wie die sich ergebenden technischen Probleme auch nur ahnungsweise übersehen können. Also werden durch natürliche Auswahl die verantwortlichen Posten durch ältere und erfahrene Leute besetzt werden. Je schwieriger die Aufgaben, die es zu lösen gibt, umso wichtiger werden die Menschen, die ihnen dank ihrer Reife und Jahre gewachsen sind. Die tatendurstige, jugendliche Energie wird in Zukunft nicht mehr so hoch bewertet wie bisher. Mit anderen Worten: es werden unseren jungen Leuten manche Gebiete verschlossen sein, auf denen sie sich bislang betätigen durften. Einige unserer größten Gesellschaften haben in dieser Beziehung schon gelernt. Eine Zeitlang hielt man es für richtig, vielversprechenden jungen Leuten verantwortungsreiche Posten zu übertragen. Aber man kam bald dahinter, daß sie bei wichtigen Entscheidungen häufig versagten. Ganz ähnliche Erfahrungen machte man in den letzten zehn Jahren mit sehr jungen Bankiers, Schuldirektoren, Bevollmächtigten und Börsenmaklern. Es wird immer offensichtlicher, daß die für unsere Pionierzeit gültigen Voraussetzungen heute nicht mehr zutreffen.«

Schon vor dem Zweiten Weltkrieg ist in Amerika eine Bewegung entstanden, die den Alten die ihnen gebührende Stellung im Wirtschaftsleben verschaffen will. Über sie und andere ähnliche Bestrebungen berichtete *A. L. Vischer* in *Das Alter als Schicksal und Erfüllung* (1942): »Mr. Henry Simler, Vorsitzender einer der ältesten Schreibmaschinenunternehmungen Amerikas, hat eine Arbeitgeberorganisation veranlaßt, einen Ausschuß zur Bekämpfung der »Fortyphobia«, der Furcht vor den Übervierzigern, zu gründen. In seinem Kampf appelliert dieser Ausschuß keineswegs an das Mitleid für die alten Arbeitslosen, er bringt vielmehr Beweise, daß sich die Anstellung alter Leute sehr wohl lohnt. Nach einer Statistik Mr. Simlers in neunzehn Schreibmaschinengeschäften beträgt das Durchschnittsalter der erfolgreichsten Verkäufer 44,5 Jahre, und dabei weisen einige Siebziger Spitzenleistungen auf. Eine Umfrage im Kleinhandel von Kalifornien bis New York zeigt die Fünfziger als die beste Verkäuferklasse. Der genannte Ausschuß stellte an 31 prominente Arbeitgeber einen Fragebogen »Forty-Plus or Minus?« mit 31 Fragen wie: »Wer bringt Ihnen am meisten neue Anregungen, die Unter- oder Übervierziger? Bei welchen findet sich die größte Loyalität? Wer ist am lernbegierigsten? Wo findet sich die größte Gewissenhaftigkeit? usw. Bei der Beantwortung dieser Fragen ergaben sich einige Teilsiege 3:1 für die Jugend bei den Fragen über äußere Erscheinung, über gute Laune und Begeisterung. In den Fragen aber über die eigentliche Produktion, über die Wichtigkeit der Übernahme unangenehmer Aufgaben, über die Fähigkeit der Ein- und Unterordnung siegten die »Forty-Plus« mit 3:1. Nahezu Einstimmigkeit herrschte in bezug auf größere Gewissenhaftigkeit der Alten bei unbeaufsichtigter Arbeit. Mr. Simler schloß seinen Bericht: ›Unsere Untersuchungen zeigen, daß mit 40 und 50 Jahren der Mensch die Notwendigkeit von Einordnung und Zusammenarbeit gelernt hat. Die Erfahrung hat den Übervierzigern die Kunst des Umgangs mit Menschen beigebracht, sie hat sie eine Technik des Sichhineinfindens in neue Situationen, denen die Unerfahrenen hilflos gegenüberstehen, gelehrt. Die Analogie des menschlichen Lebens mit der Altersabnützungskurve einer Maschine stimmt nicht: Menschen reifen, Maschinen nicht. Freilich, es kann sich nicht um einen Kampf zwischen Jugend und Alter handeln. Die Wirtschaft benötigt jugendliche Frische ebenso wie die Erfahrung des Alters. Aber die Belegschaft eines Betriebes, bei der allzu einseitig eine Altersklasse überwiegt, ist nicht im Gleichgewicht.‹ Tatsächlich scheint es, daß die von Mr. Simler in Amerika geleitete Bewegung sich weiter ausbreitet. Nach Ray Giles hat kürzlich die große General Electric Company angekündigt, daß 40 Prozent ihrer Belegschaft Übervierziger sein sollen, entsprechend der Altersverteilung der Gesamtbevölkerung. Henry Ford stellt den Grundsatz auf, der Altersaufbau der Arbeiterschaft solle parallel sein zum Altersaufbau der Bevölkerung der Stadt, in welcher der Betrieb liegt. In einer Fordschen Fabrik sollen von 700 neueingestellten Arbeitern 200 gewesen sein, welche das 50. Jahr überschritten hatten.

In neuester Zeit begegnen wir auch in Deutschland ähnlichen Gedankengängen. *Hertha Siemering* konnte anhand eines großen Zahlenmaterials zeigen, daß im Jahre 1933, 21,03 Prozent der männlichen und 17,17 Prozent der weiblichen Erwerbspersonen fünfzig und mehr Jahre alt waren. Bei den Kopfarbeitern, sowohl den männlichen wie weiblichen, liegt aber der Anteil der älteren Kräfte meistens erheblich über diesem Durchschnitt, wie einige Beispiele zeigen: bei Richtern und Staatsanwälten beträgt der Anteil 48,60 Prozent, bei Hochschullehrern 38,38 Prozent, bei Rechtsanwälten und Notaren 35,48 Prozent, bei bildenden Künstlern 34,33 Prozent, bei Architekten 32,05 Prozent, bei Ärzten 31,58 Prozent. Die Verfasserin kommt zum Schluß, daß die Kopfarbeiter vielfach in einem Alter berufstätig sind, in dem sie in anderen Berufen längst aus dem Arbeitsprozeß ausgeschaltet worden wären. Doch haben diese älteren Kräfte einen Nutzwert, der auch durch diese im Vergleich zu anderen Berufen längere, aber auch für viele geistige Berufe immer noch zu kurze Aktivitätsdauer nicht ausgeschöpft ist. Hertha Siemering möchte dieses volkswirtschaftliche Kapital nicht brachliegen lassen. »Es muß in Deutschland so etwas wie eine verborgene geistige Reservearmee geben, die mindestens zum Teil reaktiviert werden sollte. Dabei wird es sich im Augenblick meist nicht gerade um Erwerbslose handeln, wohl aber um Persönlichkeiten, die an anderen Posten mehr und Besseres leisten können, als ihnen an dem Platz, auf dem sie heute stehen, zu leisten vergönnt ist. Zahlreiche ältere Menschen, die in einem Angestelltenverhältnis geistige Arbeit zu leisten haben, sind heute in die Zeiteinteilung eines Betriebes eingeordnet ohne Rücksicht auf die Erfordernisse ihres Lebensalters. Wir werden, da unsere Volkswirtschaft in steigendem Maße auf die Arbeitskraft der Alten angewiesen ist, zu einem Arbeitsschutz der bejahrten Kräfte kommen müssen.

Mit zunehmendem Lebensalter wird man die tägliche Arbeitszeit verkürzen müssen ... Wird neben der zweckmäßigen Ökonomie der physischen Kräfte für das rechte psychische Arbeitsklima gesorgt, in dem auch die Arbeitsfreude bis zur äußersten Grenze der Arbeitsfähigkeit erhalten bleibt, dann wird nichts mehr verloren gehen von dem großen Kapital, das die bejahrten Kopfarbeiter verkörpern.«

Soviel richtige Gedanken und berechtigte Forderungen in all den hier erwähnten Bestrebungen enthalten sind, eine fruchtbare Auswirkung wird ihnen doch nur in dem Maße beschieden sein, als mit ihnen eine solche, auf tieferen Erkenntnisgrundlagen basierende, *geistige* Umorientierung Hand in Hand geht, wie sie in den vorangehenden Ausführungen skizziert worden ist.

8. Lebenslauf und Geschichte

Wir haben in diesem Buche die Wandlungen in der Gestaltung des menschlichen Lebenslaufs im Zusammenhang mit der geschichtlichen Entwicklung der Menschheit betrachtet. Wenn wir im Folgenden die Beziehungen zwischen Lebenslauf und Geschichtsprozeß noch im Besondern ins Auge fassen, so soll dies hier noch in einer etwas anderen Art geschehen, als es in den bisherigen Ausführungen der Fall war. Unsere Betrachtung hatte ja zu dem merkwürdigen Ergebnis geführt, daß mit dem »Fortschritt« der geschichtlichen Epochen parallel geht ein »Rückschritt« des Schwerpunktes des menschlichen Lebens dergestalt, daß dieser vom Greisenalter, in welchem er in alten Zeiten lag, durch die Lebensmitte, welche er in der klassischen Antike einnahm, sich in die erste Lebenshälfte verlagert hat, wie wir es als charakteristisch für die neuere Zeit schildern mußten. Allerdings gilt dies nur insoweit, als die Gestaltung des Lebenslaufs durch *Naturkräfte* bedingt war und ist. Wir können insofern von einem Rückgang der Naturkräfte des Lebenslaufs im Fortgang der Geschichte sprechen. Rudolf Steiner hat *in diesem Sinne* schon im Jahre 1917 und auch später immer wieder auf das Gesetz des *Jüngerwerdens* der Menschheit im Verlauf der Geschichte hingewiesen.[18]

Allerdings ist dies nur die eine Seite der Sache. Die Kehrseite derselben ist diese, daß die zurückweichenden Naturkräfte in immer früheren Zeitpunkten des Lebens durch andere Faktoren der Menschenbildung beziehungsweise der seelischen Weiterentwicklung des Menschen ersetzt werden mußten. Im Griechentum bildete diesen Faktor für die mittlere Zeit des Lebens die im *Staate* organisierte *Gesellschaft;* in der neueren Zeit muß es schon von den zwanziger Jahren an die menschliche *Individualität* selbst sein. Und so können diese Veränderungen, im Ganzen gesehen, auch als die stufenweise Wandlung des Menschen von einem *naturhaft-gattungsmäßig* bestimmten zu einem

---

[18] Zuerst in dem Vortragszyklus: *Menschliche und menschheitliche Entwicklungswahrheiten.* Berlin 1917.

sich selbst bestimmenden *individuellen* Wesen gekennzeichnet werden. Es ist heute üblich geworden, auf diese Wandlung durch die Redensart hinzuweisen, daß die Menschheit in unserer Zeit in die Phase ihres geschichtlichen »Mündiggewordenseins« eingetreten sei.

In alten Zeiten – so schilderte ich es im ersten Kapitel – war der *Kosmos* noch in dem Sinne der Bildner der Menschen, daß seine verschiedenen planetarischen Sphären diesen, weitgehend ohne dessen eigenes Dazutun, von Altersstufe zu Altersstufe mit immer wieder neuen Fähigkeiten begabten. Eben deshalb aber traten diese Fähigkeiten noch überwiegend in genereller, das heißt in einer für alle Gleichaltrigen gleichen Art auf. Wir können sagen: die seelische Entwicklung des Menschen durch seinen Lebenslauf hindurch hatte noch den Charakter eines *Naturprozesses*. In der neueren Zeit findet schon vom Ende der 20er Jahre an eine seelische Weiterentwicklung des Menschen nur in dem Maße statt, als er sie sich auf dem Wege der *Selbsterziehung* erringt. Darum treten die entsprechenden höheren Seelenfähigkeiten – und zwar in umso höherem Grade, um je höhere Altersstufen es sich handelt – in je einmaliger, *individueller* Ausprägung auf. Da außerdem die Selbsterziehung immer nur soweit zustandekommt, als sie freiwillig geleistet wird, so stellen die betreffenden Früchte derselben Errungenschaften der *Freiheit* dar. Bedenkt man nun, daß *geschichtliche* Gestalten, Ereignisse und Leistungen ja auch durch das Merkmal der unwiederholbaren Einmaligkeit und Individualität gekennzeichnet sind, ferner durch das, trotz aller Bedingtheiten, ihnen dennoch innewohnende Moment der Freiheit – auf dem ja auch ihre Nichtvoraussagbarkeit beruht –, so wird man es als berechtigt empfinden, zu sagen, daß in neuerer Zeit die seelische Entwicklung des Menschen, soweit sie sich über die Reifestufe der 20er Jahre fortsetzt, *geschichtsartiges* Gepräge angenommen habe.

Diese Tatsache erweist sich als ungemein lichtbringend, wenn man sie mit einer anderen zusammenhält: mit derjenigen nämlich, daß die Menschheit ein wahrhaft *geschichtliches Bewußtsein* erst in der *neueren Zeit* errungen hat. Gewiß liegen Vorläufer und erste Ansätze desselben schon viel weiter zurück. Das Fundament für alle spätere Entwicklung geschichtlicher Auffassung wurde ja bereits durch das Alte Testament gelegt. Doch ist diese Leistung in der besonderen weltgeschichtlichen Mission des alten Hebräertums begründet. Es ragt mit seinem geschichtlichen Bewußtsein aus einer Menschheit hervor, die damals noch tief in einem ganz unhistorischen Welt- und Lebensgefühl dahinträumte. Ein geschichtliches Bewußtsein von bestimmter Art entwickelte sich sodann im Griechen- und Römertum, wie dessen große Geschichtsschreiber von Herodot bis Tacitus bezeugen. Doch war dieses noch fast ganz auf die Grenzen ihrer eigenen Nationalgeschichte beschränkt und kannte noch nicht den Begriff einer Universalgeschichte. Dieser tritt erstmals auf dem Boden des Christentums in Erscheinung, in Augustinus und später bei Joachim de Fiore. Hier aber ist die geschichtliche Betrachtung noch ganz eingebettet in eine theologische. In voller Selbständigkeit, als Wissenschaft von einem Phänomengebiet sui generis, am Ende des 17. Jahrhunderts bei Vico sich ankündigend, wird sie erst im 18. Jahrhundert geboren in Geistern wie Voltaire, Herder und Lessing. Voltaire ist es denn auch, der die Bezeichnung »Geschichtsphilosophie« prägt. Und alsdann entfaltet sie sich in den Gedankensystemen eines Fichte, Schelling, Hegel, Fr. Schlegel u. a. zu umfassender Weite und seither nicht wieder erreichter Tiefe. Jetzt entstehen auch fachhistorische Darstellungen der »Weltgeschichte«, deren Kette, angefangen von denjenigen Schlossers, J. v. Müllers, Rottecks, Rankes, bis auf den heutigen Tag nicht mehr abgerissen ist. Jetzt auch entwickeln sich erst die verschiedenen historischen Fachdisziplinen wie Religions-, Philosophie-, Kunst-, Literatur-, Musik-, Rechts-, Wirtschafts- usw. geschichte. Ihnen allen hat erst das 19. Jahrhundert die volle Entfaltung gebracht. Und blicken wir gar auf das 20. Jahrhundert, so brauchen wir nur Namen wie Spengler, Breysig, Toynbee, Berdjajew, A. Weber, Jaspers zu nennen, um uns der neuen Ansätze bewußt zu werden, die zur Vertiefung und Erweiterung des Geschichtsbewußtseins in grundsätzlicher Hinsicht in jüngster Zeit gemacht worden sind.

Woher dieses *Erwachen* für das Eigenwesen des Geschichtlichen und seine Rätsel? Man kann gewiß mit Recht auf den allmählichen Zusammenfluß der verschiedenen Nationalgeschichten in die allgemeine, einheitliche, den ganzen Erdball umspannende Menschheitsgeschichte hinweisen, wie er sich von den Entdeckungsfahrten des 15. Jahrhunderts bis zu den Weltkriegen und Völkerbünden des 20. hin vollzogen hat. Weiter auf die zahllosen Quellen zur Geschichte aller Völker und Zeiten, die durch diesen Zusammenfluß zugänglich geworden sind. Und doch genügt all dieses nicht, um das Bedürfnis, eine jegliche Erscheinung im Lichte der »geschichtlichen Entwicklung« zu sehen, völlig zu erklären, das sich der modernen Menschheit mit immer stärkerer Gewalt bemächtigt hat. Denn durch kaum etwas anderes unterscheidet sich der moderne Mensch von demjenigen früherer Zeiten so sehr wie durch seinen eminent historischen Sinn, durch sein Interesse für Geschichte, durch sein geschichtliches Gefühl.

»Gleiches wird nur von Gleichen erkannt.« Was aber ist das »Gleiche« im Menschen, das in der Geschichte als dem ihm »Gleichen« sich wiederfindet? Es ist eben das *Geschichtlichwerden des eigenen Lebens* in der oben aufgewiesenen Bedeutung, das diesen *Sinn für die Geschichte* hat erwachen lassen. Ja, es hat sich der menschliche Lebenslauf selbst in der neueren Zeit zu dem *Organ* gestaltet, durch welches das »Geschichtliche« in der Geschichte überhaupt erst wahrgenommen werden kann.[19]

Man hat sich insbesondere um die letzte Jahrhundertwende in vielfältiger Art bemüht, die Eigenart des geschichtlichen Erkennens gegenüber dem naturwissenschaftlichen herauszuarbeiten. Man stellte das erstere als ein individualisierendes, »idiographisches«, dem letzteren als einem generalisierenden, »nomothetischen«, gegenüber (*Windelband-Rickert*). Man sprach von einem »verstehenden« im Unterschied von einem »erklärenden« Erkennen (*Dilthey*). So bedeutungsvoll alle diese und ähnliche Feststellungen sind, als das entscheidende Moment wird sich zuletzt doch der oben aufgewiesene Zusammenhang zwischen der Gestaltung des menschlichen Lebenslaufs in unserer Zeit und dem inneren Wesen der Geschichte selbst herausstellen. Denn schließlich verfolgen alle methodologischen Untersuchungen doch das praktische Ziel, das *Erkenntnisorgan* im Menschen auszubilden und zu schärfen, durch welches das *spezifisch Geschichtliche* erfaßt werden kann.

Nun spielt sich aber gerade in unserem Jahrhundert auch auf diesem Gebiet jener selbe Kampf ab, den wir oben schon von anderen Gesichtspunkten aus aufgewiesen haben, – der Kampf um die Entscheidung der Frage: Soll der Mensch bloßes Durchschnittsexemplar einer bestimmten »Art« werden, geformt durch die Kräfte der Vererbung und die Einflüsse des Milieus?

---

[19] Siehe H. E. Lauer: *Geschichte als Stufengang der Menschwerdung.* 3 Bde. Verlag Die Kommenden.

Soll er dazu verurteilt werden, sich für ein bloßes *Raumeswesen* zu halten? Oder kann er sich als Individualität behaupten beziehungsweise zur Individualität entwickeln, und das heißt mit seinem Erleben sich in der vollen Wirklichkeit der *Zeit* halten?

Dieser Kampf spiegelt sich wider in der *Krise,* in die auch das *Verhältnis zur Geschichte* in unserem Jahrhundert eingetreten ist. Entscheidet man sich für das Durchschnittsmenschentum, so verhüllt sich dem Blick auf die Geschichte gerade das in ihr, was sie erst zur »Geschichte« macht. Ihre Darstellung wird dann zu einer bloßen Beschreibung dessen, was im Raume nebeneinander, das heißt auf den verschiedenen Territorien der Erdoberfläche sich ereignet hat oder ereignet, wobei allem grundsätzlich die gleiche Wichtigkeit zukommt. Sei es nun, daß, wie dies zum Beispiel in der Helmoltschen »Weltgeschichte« geschehen ist, die Menschheitsgeschichte nach rein räumlichen Gesichtspunkten angeordnet und in die Geschichte der verschiedenen Kontinente aufgelöst wird. Sei es, daß wie bei Spengler der Begriff einer einheitlichen Menschheitsgeschichte ausdrücklich verneint und durch die innerlich »gleichzeitige« Geschichte einer Reihe von »Kulturen« ersetzt wird, die als eine Art von Kollektivorganismen von je etwa 1000jährigem Durchschnittsalter auf den verschiedenen Erdgebieten aufblühen, altern und sterben. Oder sei es endlich, daß, wie es für breite Menschenmassen heute festgestellt werden muß, die Fäden der Überlieferung, die bisher die jeweils nachwachsenden Generationen mit der geschichtlichen Vergangenheit verbanden, abreißen, so daß ein der *bloßen* Gegenwart hingegebenes ungeschichtliches Dasein, gleich dem einer höheren Art von Tieren, die Folge ist. »Es scheint heute möglich, daß die gesamte Überlieferung ... verloren geht, daß die Geschichte von Homer bis Goethe in Vergessenheit gerät. Das mutet an wie die Drohung des Untergangs des Menschseins, jedenfalls ist unabsehbar und unvorstellbar, was unter solchen Bedingungen aus dem Menschen wird« (*Jaspers: Vom Ursprung und Ziel der Geschichte.* S. 169).

Sieht man dagegen das wesentlich Menschliche in der Individualität beziehungsweise in der Bildung des Menschen zur Individualität, so geht einem der Blick dafür auf, daß das essentiellste Charakteristikum, wie des menschlichen Lebenslaufs, so auch der Menschheitsgeschichte dieses ist, daß sie im Elemente der *Zeit* verlaufen, – daß diese Zeit ein *einziger Strom* ist, durch den das Nächste mit dem Fernsten zu einem einheitlichen Geisterreiche verbunden wird, – und daß sie durch den Wandel der Gestalt, in welcher das Wesen des Menschen in ihrem Verlaufe zur Erscheinung kommt, einen in bestimmter Weise *gegliederten Organismus* darstellt. In der einen oder anderen Art ist dies von den großen Geschichtsphilosophen des 19. Jahrhunderts von Fichte bis Rocholl denn auch schon immer gesehen worden. In bedeutsamer Weise tritt diese Wahrnehmung in jüngster Zeit wieder bei Jaspers auf, wenn er der Epoche von 600 bis 200 v. Chr. die Bedeutung einer »Achse« der Weltgeschichte zuerkennt. Und in großartigster Ausgestaltung erscheint die Menschheitsgeschichte als ein einheitlicher und zugleich aufs mannigfaltigste rhythmisch gegliederter Zeitorganismus im Geschichtsbild Rudolf Steiners.

Das bedeutet aber, substantiell gesehen, nichts anderes, als daß durch das Organ eines vollmenschlich sich verwirklichenden Lebenslaufs betrachtet, der wesenhafte *innere Gang* der Geschichte wahrnehmbar wird. Er liegt *hinter* dem, was äußere geschichtliche Tatsachen sind. Diese weisen nur wie Symptome auf ihn hin.

Einer solchen Wahrnehmung erweist auch er sich – in analoger Art wie der einzelmenschliche Lebenslauf – fortschreitend von einer leiblichen durch eine seelische zu einer geistigen Entwicklung hin. Wie in der Jugend des einzelnen Menschen die seelische Entwicklung noch durch die leibliche Entfaltung bedingt ist, so war in einer ersten Hauptepoche der Geschichte die Kulturschöpfung noch Ergebnis der in der Menschheit wirkenden Naturkräfte. Und wie beim Kinde mit den Naturkräften leitend und lenkend ein äußerer Erzieher zusammenwirken muß, so stand die Menschheit in jener ältesten Epoche noch unter der geistigen Führung der großen Religionslehrer und Gesetzgeber und des von ihnen begründeten Mysterienwesens. In den religiösen Glaubensgemeinschaften hat sich bis heute ein Überrest hiervon erhalten, – im Abendland besonders im Katholizismus, der noch immer die geistige Führung im theokratischen Sinne für sich in Anspruch nimmt.

Dann kam eine mittlere Epoche herauf. So wie der Erwachsene keinen einzelnen Erzieher mehr braucht, sondern sich selbst erzieht in der Auseinandersetzung mit seiner natürlichen und mitmenschlichen Umwelt, so hat sich die Menschheit in dieser mittleren Zeit seelisch weitergebracht einerseits mittels staatlich-politischer Gemeinschaftsbildung, andererseits durch die Auseinandersetzung mit der Natur. Schon die Griechen und

Römer entwickelten das Ideal der Demokratie, das heißt des gleichberechtigten Mitwirkens jedes Einzelnen am staatlichen Leben, und lehnten die Übermacht einzelner Führerpersönlichkeiten ab. Und die neuere Zeit hat ihre seelischen Kräfte namentlich in der erkenntnismäßigen und technischen Auseinandersetzung mit der Natur geschult.

In unserer Epoche ist die menschliche Individualität dazu herangereift, ihre weitere Entwicklung durch das zu finden, was sie sich selbst als bildende Schulung angedeihen lassen kann. Sie ist aber zugleich auch genötigt, auf diesem Weg ihren weiteren Fortschritt zu suchen. Denn was politische Gemeinschaft und Auseinandersetzung mit der Natur ihr an Entwicklungsimpulsen verleihen konnten, haben sie ihr verliehen. Unmittelbar ist für sie von dieser Seite her nichts mehr an bildenden Wirkungen zu gewinnen.

Um aber auf dem Wege der »Selbsterziehung« nicht blind, sondern sehend vorwärtsschreiten zu können, bedarf sie der Einsicht in die Gesetze und Bedingungen menschlicher Wesensentwicklung. Und diese kann ihr nur eine Menschenwesenserkenntnis vermitteln. So stellt die letztere die große Forderung der Zukunft dar, wie die Naturerkenntnis diejenige der letzten Jahrhunderte gebildet hatte. Sie kann aber selbst wiederum nur auf dem Wege einer höheren, geistigen Selbsterziehung gewonnen werden. Und so bedingen sich Menschenwesenserkenntnis und geistige Schulung gegenseitig.

Hatte in der vorangehenden Epoche der Einzelne nur sein eigenes Selbst als seelische Persönlichkeit mit ihren Interessen und Ansprüchen zu repräsentieren, während dagegen die Belange des Allgemein- und Gesamtmenschlichen durch die Gemeinschaftsorganisationen des Staates und der Kirche vertreten wurden, so ist dagegen in unserer Zeit dem Einzelnen die Aufgabe erstanden, über das nur Persönliche hinauszuwachsen und in und durch sich selbst das Universellmenschliche zur Darstellung, das heißt aber *sich* als *geistiges* Wesen zur Erscheinung zu bringen. Nur einen speziellen Aspekt dieser grundsätzlichen Aufgabe stellt die Forderung dar, auch in der Gestaltung seines Lebenslaufs das volle Bild des Menschlichen auszuprägen. Insofern aber der Gesamtinhalt des Menschlichen nur im *Ganzen* der Geschichte stufenweise zur Erscheinung kommt, bedeutet jene Forderung zugleich das Postulat, den *Lebenslauf zum individuellen Abbild des Geschichtsprozesses* zu gestalten. Damit zeigt sich uns auch von diesem speziellen Aspekt aus das oben aufgewiesene gegenseitige Sichbedingen von Menschenwesenserkenntnis und geistiger Schulung. *Der vollmenschlich verwirklichte Lebenslauf wird zum Organ wahren Geschichtsverständnisses.* Dieses Geschichtsverständnis aber wiederum weist die Wege zur vollmenschlichen Durchgestaltung des Lebenslaufs.

Vor allem aber sehen wir hierdurch das Grundgesetz des Lebenslaufs in unserer Zeit: seine »geschichtsartige« Prägung noch von seiner Kehrseite her. Und damit wird seine Charakteristik für die verschiedenen Epochen der Geschichte erst eine vollständige. Namentlich tritt dadurch erst die Polarität der gestaltenden Kräfte voll ins Licht, die ihm in alten Zeiten das Gepräge verliehen haben, und die es ihm in Gegenwart und Zukunft zu verleihen bestimmt sind.

Einstmals war – wie wir es verschiedentlich ausgesprochen haben – der *Kosmos* in der Vielfalt seiner *räumlich* bis zur Fixsternwelt sich ausdehnenden Sphären der Bildner der menschlichen Seele und damit der gliedernde Gestalter des menschlichen Lebenslaufs. In der Folge der Siebenheit der menschlichen Lebensalter projizierte sich gleichsam die Siebenheit der räumlichen Sphären der Planetenwelt in die Dimension des Zeitlichen hinein. Das Zeitliche war ein bloßes Abbild eines wesenhaft Räumlichen. Es entfaltete sich gewissermaßen auf dem Hintergrund eines Räumlichen. Daher der ungeschichtliche Charakter des damaligen Menschenbewußtseins, die Statik der damaligen Lebensverhältnisse. Daher auch zum Beispiel im künstlerischen Schaffen die Vorherrschaft der Raumeskünste der Architektur und der Plastik. Daher aber auch das Sichgeborgenfühlen im Schoße des Göttlichen, das Sichverwurzeltfühlen im Sein, das den Menschen alter Zeiten kennzeichnete. Denn der »Himmel« war für sein Anschauen noch durchlebt und durchseelt vom Göttlichen, und von den Sternen gilt, wenn von irgend etwas in der Welt, daß sie »nach ewigen, ehernen, großen Gesetzen ihres Daseins Kreise vollenden.«

In unserer Zeit muß der einzelne menschliche Lebenslauf auf dem Hintergrund der *Geschichte* gesehen werden. Ein *Zeitliches* auf dem Hintergrund eines *Zeitlichen*. Darum eignet dem Zeitelement im Lebenslauf des modernen Menschen ein viel höherer Grad von Realität. Daher sein eminent geschichtliches Daseinsgefühl, daher die Dynamik des heutigen Lebens. Daher auch die Vorherrschaft der par exellence im Element der Zeit webenden Kunst: der Musik in unserer Epoche. Daher aber auch zugleich das Sichfühlen im Bodenlosen, das Sich-ins-Nichts-geworfen-fühlen, das den modernen Menschen im Laufe seines Lebens überkommt. *Denn die Geschichte ist ja noch nicht vollendet, sie ist selbst noch im Werden.* Und sie ist Tat und Schicksal des Menschen selbst. Sie kann nur durch ihn ihre Fortsetzung in die Zukunft hinein finden. Und sie kann diese nur insofern finden, als der Mensch als Individualität schöpferische Impulse in sie hineinträgt. Das kann er aber erst in der zweiten Lebenshälfte, insofern er in seiner inneren Entwicklung nicht zum vorzeitigen Stillstand kommt, sondern über die Lebensmitte hinaus fortzuschreiten vermag. Mit Recht schrieb der amerikanische Lebensphilosoph Frank Crane schon 1914: »In der Jugend bewegen sich die Gedanken in den Gebieten der Lehre. Alle Ideen, selbst ausgeleierte Binsenwahrheiten, sind dem Jüngling neu und fremd. Im Reiche des Geistes sind die Jungen älter als die Alten; denn die Jungen denken in gestrigen Formeln ... Ganz im Gegensatz zur allgemeinen Annahme sind es die alten und nicht die jungen Menschen, die uns die Ketzer, Freidenker und Modernisten liefern ... Die Hoffnung auf Fortschritt liegt bei den Alten. Wenn das Leben mit 25 Jahren allgemein zu Ende ginge, so bliebe die ganze Welt so erstarrt in alten Einrichtungen wie das Reich der Mitte.«[20]

Hier ist also der Mensch als einzelner in der Gestaltung seines Lebenslaufs unmittelbar zum *ursprünglichen Schöpfertum* aufgerufen. Urbild und Abbild verschlingen sich ineinander. Geschichte ist einerseits – der Vergangenheit nach – Wurzel der Gestaltung des Lebenslaufs, andererseits – ihrer Zukunft nach – Frucht derselben.

Hierin liegt auch das Kriterium für die Beurteilung der *Zukunftsforschung* (Futurologie), wie sie in unserem Jahrhundert entstanden und – neben der Friedens- beziehungsweise Konfliktforschung – zu einer der Modewissenschaften der Gegenwart geworden ist. Soweit sie nicht – analog wie die Friedensforschung zwecks bloßer Erhaltung der bestehenden Staatsformen und politischen Grenzen – lediglich im Dienste der Expansionsziele und Machtaspirationen der Wirtschaft betrieben wird, ist sie mit der Hypothek der rein naturwissenschaftlichen Denkweise unserer Zeit belastet, die ihrem Wesen nach nicht das Werdende oder gar das Künftige, sondern nur das Gewordene beziehungsweise das Vergangene zu erfassen vermag.

---

[20] Zitiert aus A. L. Vischer: *Das Alter als Schicksal und Erfüllung,* S. 169 f.

Sie kann deshalb nur durch Extrapolation von Gegenwartsprozessen in die Zukunft Möglichkeiten aufweisen und berechnen, die das äußere Dasein der Menschheit betreffen. Die sinngemäße Fortführung des inneren, wesenhaften Werdens der Menschheit bleibt für sie ein überhaupt nicht zu fassender Begriff und damit eine unsere Fähigkeiten überschreitende Zielsetzung. Einen Inhalt bekommt dieser Begriff erst von der Erkenntnis der inneren Beziehung zwischen dem einzelmenschlichen Lebenslauf und der geschichtlichen Menschheitsentwicklung. Von daher aber zeigt sich auch, daß die Verwirklichung der Möglichkeiten beziehungsweise die Erfüllung der Forderungen, die unser Lebenslauf heute an uns stellt, den *realen Keim* dieser Zukunft bedeutet und daß, wie aus einem Pflanzensamen eine Pflanze, so aus diesem Keim die Ideen und Impulse auch für die Zukunftsgestaltung des äußeren Menschheitslebens erwachsen. Auf diese im Konkreten einzugehen, würde die Thematik dieses Buches allerdings überschreiten.[21]

Hingewiesen sollte hier nur auf den Ort werden, an dem echte Zukunft heute schon realisiert werden kann.

Dieses innere Aufeinanderbezogensein von Lebenslauf und Geschichte in unserer Zeit, dieses Sichüberkreuzen ihrer Entwicklungsverläufe wird in dem Maße, als es in Zukunft immer entschiedener hervortreten wird, zur keineswegs geringsten unter seinen Folgen auch diese haben, daß für dasjenige Ereignis der Weltgeschichte, das in ihrem Mittelpunkte steht, künftig aus ganz anderen Quellen heraus ein Verständnis gesucht und gefunden werden wird, als dies in den letzten Jahrhunderten der Fall war. Denn wenn man in der Lebensmitte jene »Umstülpung« des Verhältnisses zur Welt zu vollziehen vermag, von der in einem früheren Kapitel die Rede war, – jene Umstülpung, durch welche man sich aus einem Nehmenden in einen wahrhaft Gebenden verwandelt, beziehungsweise vom Rezipieren erst zum wahrhaft individuellen Produzieren fortschreitet, – wenn man in diesem Lebenszeitpunkt sein »höheres« Ich aus seinem »niederen« zu entbinden und zu seinem inneren Erzieher zu machen vermag, dann geht einem hierbei durch *innere Erfahrung* auf, daß dies nur möglich ist, weil in der Mitte der Geschichte in der Gestalt, von der die Evangelien berichten, gleichsam das »höhere Ich« der Menschheit geboren worden

---

[21] Siehe hierzu Rudolf Steiner: *Die Kernpunkte der sozialen Frage in den Lebensnotwendigkeiten der Gegenwart und Zukunft.*

ist. Die Gestalt Jesu Christi, die als historische Erscheinung der neueren Theologie und der modernen Bibelforschung immer mehr verloren gegangen ist, lernt man in ihrer metahistorischen, übergeschichtlichen Wirklichkeit kennen als die Wesenheit, in der das erweckte eigene höhere Ich seinen Grund hat. Und man wird sich klar darüber, daß nur dann, wenn das, was in der Mitte der Zeiten auf der Bühne der Weltgeschichte sich abgespielt hat, in entsprechender Abwandlung auf dem Schauplatz der eigenen Seele sich vollzieht, die Mitte des einzelnen Lebens im Sinn einer fortschreitenden seelisch-geistigen Entwicklung überschritten werden kann. Auf diesem Wege wird dann auch das *Christentum selbst,* das als bloßer religiöser Glaube in den letzten Jahrhunderten dem Tode verfallen ist, als Inhalt geistiger Erfahrung seine *Auferstehung* feiern können.

9. Lebenslauf
und Menschheitswerdegang

Die Betrachtungen über den menschlichen Lebenslauf, die in diesem Buche angestellt wurden, liefen im Grunde auf die Beantwortung der Frage hinaus, wie der Mensch in rechter Art alt werden könne. Denn sein Lebenslauf ist kein bloßer Naturprozeß wie der »Lebenslauf« der Tiere, den wir deshalb ja nur in Anführungszeichen als einen solchen bezeichnen können. Er ist ein Naturprozeß nur zur Hälfte, genauer gesagt: vom *Leibe* her gesehen. Vom Gesichtspunkte des Seelisch-Geistigen her betrachtet, stellt er, insbesondere in seiner zweiten Halbzeit, eine *Aufgabe* dar. Was den konkreten Inhalt dieser Aufgabe bildet, haben wir aufzuweisen versucht.

Wir haben gezeigt, daß in dem Maße, wie diese Aufgabe bewältigt wird, das Seelisch-Geistige sich gegenüber dem Leibe verselbständigt. Wir könnten auch umgekehrt sagen, daß es nur in dem Maße, wie es diese Verselbständigung erreicht, jene Aufgabe bewältigt. Denn wäre eine solche Verselbständigung nicht möglich, das heißt bildete das Seelisch-Geistige mit dem Leibe eine schlechthinnige psychophysische Einheit, oder wäre es gar, wie die materialistische Auffassung behauptet, ein bloßes Epiphänomen des Leibes, dann könnte vom rechten Altwerden gar nicht als von einer Aufgabe gesprochen werden. Dann wäre der Lebenslauf wirklich bloß ein Naturprozeß, der sich mit Notwendigkeit in einer bestimmten Weise abspielte. In einer Weise, die dadurch sich kennzeichnete, daß mit der Involution, der Vergreisung, der Verknöcherung und dem Kräfteschwund, die der Leib in der zweiten Lebenshälfte erleidet, unvermeidbar im selben Maße eine Involution, eine Vergreisung, Verknöcherung und ein Kräfteschwund der Seele verbunden wäre. Und mit dem Erlöschen des leiblichen Lebens im Tode wäre auch das Ende des seelisch-geistigen Lebens gekommen. Von der Entwicklung höherer Seelenfähigkeiten im Alter könnte schlechterdings keine Rede sein. Schon die bloße Tatsache aber, daß das rechte Altwerden eine Aufgabe beinhaltet, weist darauf hin, daß eine Verselbständigung des Seelisch-Geistigen gegenüber dem Leibe, mindestens als Möglichkeit, als

Anlage vorhanden sein muß. Damit ist auch schon das Ziel dieser Aufgabe bestimmt: es liegt darin, diese Möglichkeit zu verwirklichen.

Nun mußte in den vorangehenden Kapiteln ja auch von dem Tatbestand gesprochen werden – denn in ihm liegt die Veranlassung dazu, daß dieses Buch geschrieben wurde –, daß durch den Charakter der neueren Zivilisation in unserem Jahrhundert die Fähigkeit, richtig alt zu werden, immer mehr dahingeschwunden ist und dadurch jenes Altersproblem entstand, das zu den bezeichnendsten Erscheinungen eben dieses Jahrhunderts gehört. Was aber diesen Charakter der modernen Zivilisation betrifft, so war darauf hinzuweisen, daß er auf dem Gebiete des Erkenntnislebens wesentlich durch die ausschließliche Herrschaft bestimmt wird, welche die Naturwissenschaft über dasselbe ausübt. Da jedoch die Naturforschung vom Menschen nur das erfassen kann, was auch an ihm »Natur« ist: das Leibliche, so erkennt sie ein diesem gegenüber selbständiges Seelisch-Geistiges überhaupt nicht an und leugnet damit selbstverständlich auch ein Fortleben desselben nach dem Tode. Wie weit diese Leugnung, mit der eine der wesentlichen Glaubenslehren des Christentums begraben wird, heute schon bis in die Theologie hinein sich auswirkt, mögen folgende Sätze aus dem Buche: *Was ist der Mensch? Die Anthropologie der Gegenwart im Lichte der Theologie* (1962) des protestantischen Theologen *Wolfhart Pannenberg* beweisen (S. 35 f.): »Die Unterscheidung zwischen Leib und Seele als zwei ganz verschiedenen Wirklichkeitsbereichen läßt sich nicht mehr aufrechterhalten. Die moderne Anthropologie, die den kennzeichnenden Unterschied des Menschen vom Tier in seiner ›Weltoffenheit‹ erblickt, beschreibt andererseits den Menschen ebenso wie die Tiere als einheitlich leibliches Wesen, nicht als aufgebaut aus zwei ganz verschiedenen Stoffen ... Daraus folgt: Es gibt keine dem Leibe gegenüber selbständige Wirklichkeit ›Seele‹ im Menschen, ebensowenig aber auch einen bloß mechanischen oder bewußtlos bewegten Körper. Beides sind Abstraktionen. Wirklich ist nur die Einheit des sich bewegenden, sich zur Welt verhaltenden Lebewesens Mensch. Damit ist dem Gedanken einer Unsterblichkeit der Seele die Grundlage entzogen. Das Innenleben unseres Bewußtseins ist so gebunden an unsere leiblichen Funktionen, daß es unmöglich für sich allein fortdauern kann.«

Die hier wiedergegebenen Sätze weisen noch auf eine weitere Ursache davon hin, warum das rechte Altern heute den

Menschen so schwer geworden ist. Wozu, so müssen diese sich fragen, soll ich mich um jene vermeintliche Altersreifung der Seele bemühen, wenn mit dem Tode doch alles aus ist? Und so sehen wir denn, wie die Furcht nicht nur vor diesem endgültigen Ende, das der Tod bedeutet, sondern auch schon vor dem Altern, das uns diesem Ende immer näher bringt, gerade in demjenigen Erdgebiete, das die typischen Wesenszüge der modernen Zivilisation am extremsten ausgebildet hat: in Amerika, ebenfalls die extremsten Erscheinungsformen angenommen hat. In seinem bereits an früherer Stelle zitierten Buch *Der Mensch ohne Ich* berichtet *J. Bodamer* von der »geradezu grotesken Flucht vor dem Alter, zu der dort diese Verhältnisse ausgeartet sind. Wer Amerika kennt, weiß, daß es dort keine alten Frauen gibt. Auch eine 70jährige Großmutter setzt in Amerika alles daran, in Kleidung, Aussehen und Verhalten eine junge Frau zu imitieren. Eine solche, weder alte noch junge Frau ist bei allem dabei, läßt sich nichts entgehen, reist von einem Ende der Welt zum andern, bewegt sich immer frisch und munter, strotzt von Aktivität den ganzen Tag, auch wenn diese nur geheuchelt ist. Wie bei uns schon in Ansätzen, so in Amerika in Vollendung, dient die Kosmetik mit allem, was ihr anhängt, beileibe nicht der Aufgabe, die natürliche Schönheit der Frau durch einen Kunstgriff zu vertiefen, sondern diese Schönheitsindustrie ist ein einziger gewalttätiger Angriff gegen das Alter, äußerlich und innerlich, entsprungen dem hybriden Willen, der negativen Entscheidung, daß das Alter nicht sein darf. Dahinter steckt die nackte Angst vor dem für endgültig gehaltenen Ende, das für den modernen Menschen offenbar der Schluß schlechthin ist, womit unsere Zivilisation hinter die der primitivsten Australneger zurückgefallen ist; denn diese dürfen nach dem Tode wenigstens als Ahnen in den Naturerscheinungen, im Rauschen der Bäume und im Wehen des Windes wieder auferstehen. Die Negation des Alters ist gleichzeitig die des Todes, was wieder in Amerika zu dem für uns noch kaum einführbaren Brauch geführt hat, den Toten so zu kleiden, herzurichten und zu schminken, als lebe er noch. Er darf gar nicht wirklich gestorben sein, das läßt der Daseinsoptimismus nicht zu. Der Tod ist eine Täuschung ... Wenn es in Amerika heute als ein Verstoß gegen die gute Sitte angesehen wird, von Krankheit, Alter und Sterben auch nur zu reden, dann zeigt dies, wie weit die Vertreibung menschlicher Realitäten aus der industriellen Gesellschaft schon vorgeschritten ist und wie tief sich die Grundstruktur unseres Wesens schon verändert haben muß.«

Im Gegensatz zu diesen Verhältnissen bildet sich in dem Maße, wie die bis zur »Leibfreiheit« gehende Verselbständigung des Seelisch-Geistigen tatsächlich erreicht wird, von der in den vorangehenden Kapiteln die Rede war, die auf entsprechende Erfahrungen gegründete Überzeugung, ja Gewißheit heraus, daß es ein Fortleben des Seelisch-Geistigen nach dem Tode gibt. Dieses muß freilich einen ganz anderen Charakter tragen als das Leben *vor* dem Tode, in welchem jenes noch mit dem Leibe verbunden ist. Und mit dieser Gewißheit wird die Furcht vor dem Tode immer mehr überwunden. Damit zieht eine Stimmung der Gelassenheit, der Ruhe, der Heiterkeit in die Seelenverfassung des alternden Menschen ein. Man erkennt jetzt, was der Tod in Wahrheit ist: die *Exkarnation* des Seelisch-Geistigen, seine Entkörperung, seine völlige Loslösung vom Leibe. Und was mit der gekennzeichneten Altersentwicklung eigentlich geschieht, ist nur dies, daß diesem Vorgang gleichsam vorgearbeitet, daß er vorbereitet wird, damit er sich dann in rechter Weise vollenden kann. Eine solche Vorbereitung ist deshalb nötig, weil das Leben im Leibe überhaupt – und dies gilt ganz besonders im Zeitalter unserer technisierten Wohlstandsgesellschaft, die dem Menschen von außen her so unendlich viel an Erlebnissen, Annehmlichkeiten, materiellen Genüssen bietet und ihn dadurch zur inneren Passivität verführt – die Gefahr mit sich bringt, daß die Seele sich allzusehr mit dem Leibe verstrickt, gleichsam an ihm klebt und dadurch dann in das nachtodliche leibfreie Dasein sich nur unter großen Schwierigkeiten hineinfindet.

Von der Erkenntnis dessen, was im *Tode* in Wahrheit geschieht, und was zu seiner rechten Vorbereitung während des Greisenalters sich als Aufgaben stellt, fällt nun aber zugleich auch ein Licht auf das, was in der *Geburt* geschieht und was zur rechten Auswirkung derselben während der Kindheit – nun allerdings von seiten der Erwachsenen – zu geschehen hat. Man hält es ja heute für nötig, – durch die neuestens selbst in den Schulen eingeführte Sexualerziehung – die Heranwachsenden so früh wie möglich über all das aufzuklären, was zur Geburt führt. Aber diese Aufklärung bezieht sich ausschließlich auf die leiblichen Organe und Vorgänge, die hierfür in Frage kommen. Es wird in keiner Weise auf das *Wesenhafte* der Blick hingelenkt, das in der Embryonalentwicklung und der Geburt sich vollzieht; nämlich auf die *Inkarnation,* die Verkörperung eines Seelisch-Geistigen in einem werdenden Leib. Und darum bleibt man auch blind dafür, wie dieser Prozeß nach der Geburt durch die Kindheit und Jugend hindurch bis zum vollen Ausgewachsensein des Leibes hin sich noch fortsetzt. Diese Blindheit hat zur Folge, daß man Kinder, wie schon an früherer Stelle bemerkt, für bloße kleinere Erwachsene mit einem noch geringerem Quantum der Fähigkeiten von Erwachsenen hält und sie durch die Verwissenschaftlichung des Schulunterrichts so rasch wie möglich in die Bewußtseinsverfassung von mündigen Menschen hineinzuzerren bemüht ist, – was dann die Chaotisierung des Seelenlebens der heutigen Jugend, ihre Revolte gegen die Welt der Alten, ihre Flucht aus dieser Welt in den Drogenrausch usw., kurz: das Jugendproblem zur Folge hat. Demgegenüber wurde in den vorangehenden Kapiteln gezeigt, wie in den drei Jahrsiebenten der Kindheits- und Jugendphase die drei Wesenskräfte der Seele der Reihe nach sich mit den entsprechenden Organen des Leibes verbinden, sich in ihnen inkarnieren, – jene Wesenskräfte, die dann im höheren Alter durch eine entsprechende Selbsterziehung sich wieder von ihnen loslösen, sich exkarnieren. Und jener stufenweisen Inkarnation die rechte Hilfe zu leisten, stellt ja die eigentliche Aufgabe der Fremderziehung dar, die der Jugendliche beanspruchen darf. Denn so wie die Selbsterziehung des alten Menschen mit den Hemmnissen sich auseinanderzusetzen hat, die sich dem rechten Exkarnationsgeschehen im Greisenalter entgegenstellen, so gehört zur Erziehung der Jugend durch Eltern und Schule auch die therapeutische Hilfe, die sie ihnen gegenüber den Kinderkrankheiten zu leisten hat; denn in den letzteren kommen die Hindernisse und Schwierigkeiten zum Ausdruck, welche die Seele im Inkarnationsprozeß zu überwinden hat.

Indem hier von der Geburt als dem Inkarnations-, vom Tode als dem Exkarnationsgeschehen gesprochen wird, wird damit auf ein *vorgeburtliches* und ein *nachtodliches* Dasein hingedeutet, welches die seelisch-geistige Individualität des Menschen in einer überphysischen, nicht-materiellen Welt durchlebt. Und damit stellt sich die Frage, wie das eine von der Vergangenheit her entsteht und das andere nach der Zukunft hin sich fortsetzt. Der geisteswissenschaftlichen Forschung, wie sie Rudolf Steiner ausgebildet und ausgeübt hat, ergaben sich hierüber ganz bestimmte Erkenntnisse, die als Ahnung, Gedanke, Überzeugung schon von vielen bedeutenden Geistern der beiden letzten Jahrhunderte ausgesprochen wurden (Lessing, Goethe, H. Zschokke, Richard Wagner, M. Drossbach, G. Widenmann, P. Rosegger, H. Ford u. a.).[22] Der Inhalt derselben kann dem Verständnis vielleicht am besten nahegebracht werden auf Grund von zwei Bemerkungen, die in früheren Kapiteln gemacht wurden. Wir erwähnten, daß der menschliche Lebenslauf nach seiner durchschnittlichen Dauer von etwa 70 Jahren einem »Tag«, das heißt dem 365. Teil des 25 920 Jahre umfassenden Platonischen Weltenjahres entspricht, und daß er in sich selber wiederum ebensoviele Tage des Erdenlebens umfaßt. Die Frage drängt sich auf, ob jener Weltentag, den unser Lebenslauf bedeutet, nicht in analoger Art auch ein Teilstück einer größeren menschlichen Daseinsganzheit bilde, wie unsere einzelnen Erdentage solche darstellen. Es ist die Frage nach der *Reinkarnation*.

Wie diese aber vorzustellen sei, darauf kann wiederum ein Licht fallen von der Beziehung zwischen dem einzelnen Lebenslauf und der Menschheitsgeschichte, von der im vorangehenden Kapitel die Rede war. Wir deuteten da auf die Entsprechungen hin, die zwischen den verschiedenen Phasen des Lebenslaufs und den verschiedenen Epochen der Geschichte bestehen. Wir wiesen darauf hin, wie in Analogie zum ersten Drittel des Einzellebens in der frühgeschichtlichen Zeit die gattungsmäßigen Kräfte des Leibes, des Blutes noch die bestimmenden waren, – wie in Entsprechung zu dem Wende- beziehungsweise Umstülpungspunkt, den die Lebensmitte bedeutet, in der mittleren Zeit der Geschichte, die *Jaspers* ihre »Achsenzeit« genannt hat, jenes Ereignis stattfand, nach welchem die Christenheit seitdem als vom Nullpunkt die geschichtliche Zeit nach vorwärts und rückwärts zu zählen sich gewöhnt hat, – und wie schließlich die starke Individualisierung der Menschen, die in der Neuzeit stattfand, jener Aktivierung und Reifung der Individualität entspricht, die der Einzelne im höheren Alter zu leisten die Aufgabe hat, und die darum das Altersproblem in gewissem Sinn zum eigentlichen Lebensproblem der Gegenwart werden ließ. Könnte nun dieses *Abbildungsverhältnis* nicht zugleich auch ein solches sein zwischen dem einzelnen Lebenslauf und einer größeren, umfassenderen Lebens- und

[22] Siehe Emil Bock: *Wiederholte Erdenleben. Die Wiederverkörperungsidee in der deutschen Geistesgeschichte*. Stuttgart 1961.

Entwicklungsganzheit *einer und derselben Individualität?* Etwa
so, wie wir ja auch die verschiedenen Phasen eines Lebenslaufes mit den entsprechenden Phasen eines Tages desselben vergleichen, wenn wir von der Jugend als dem Lebensmorgen, von
der Lebensmitte als dem »Lebens-Mittag« (Nietzsche) und vom
Alter als dem Lebensabend sprechen. Daß es sich in der Tat so
verhalte, stellte sich für die geisteswissenschaftliche Forschung
Steiners als Erkenntnisergebnis heraus. Dieser zufolge gesellt
sich – wie unsere einzelnen Tage zum Ganzen unseres Lebenslaufs sich aneinanderreihen – der einzelne Lebenslauf als ein
»Tag« mit anderen, vorangehenden und nachfolgenden solcher
»Tage« zum Ganzen eines umfassenden »Lebenslaufes« unserer Individualität.[23]

Diese Erkenntnis bedeutet keineswegs eine Wiederaufwär-
mung der altorientalischen Seelenwanderungslehre. Zu jener
steht die hier gemeinte Reinkarnationsauffassung vielmehr in
einem stärksten Gegensatz. Denn da in frühgeschichtlichen
Zeiten das menschliche Ich noch wenig entwickelt war, spricht
ihm zum Beispiel die buddhistische Lehre noch kategorisch die
Realität ab und kennt darum auch keine Reinkarnation der
menschlichen Individualität, sondern nur eine solche des
Karmas, das heißt ein Wieder-in-Erscheinungtreten von Wirkungen, die ein Mensch durch sein Lebensverhalten der Welt
eingeprägt hat. Diese Wirkungen können unter bestimmten
Umständen auch im Dasein eines Tieres wieder zutage treten.
Diese Auffassung zeigt zugleich, daß die orientalische Wieder-
geburtslehre keinerlei Beziehung zur Geschichte hatte, – war
doch auch der Geschichtsbegriff dem alten Orient überhaupt
noch unbekannt. Und dadurch wiederum war es bedingt,
daß jener Reinkarnationslehre wie der orientalischen Weltanschauung überhaupt auch der Freiheitsbegriff fehlte. Ihr
Schwerpunkt lag im Rückblick auf die Vergangenheit, auf die
vorgeburtliche *Präexistenz.* Und darum bestand auch die Le-
benszielsetzung, wie der Buddhismus sie lehrte, darin, das Rad
der Wiedergeburten baldmöglichst zum Stillstand zu bringen,
also durch den Eingang ins Nirwana für immer in das Nichtge-
borensein zurückzukehren.

Zwar ergab sich auch der Forschung Steiners, daß mit dem
Durchgang des menschlichen Ichs durch die Folge seiner Inkar-

---

[23] Siehe Rudolf Steiner: *Theosophie. Einführung in übersinnliche Welter-
kenntnis und Menschenbestimmung.*

nationen Auswirkungen der Taten früherer Leben in den Schicksalen der späteren verbunden sind. Aber dies versperrt nicht den Freiheitsraum, der dem Menschen in jedem Leben für sein Verhalten offensteht. Und damit hängt unmittelbar das Andere zusammen, daß die Folge seiner Inkarnationen der *Geschichte* angehört, ja den Fortschritt, der in dieser stattfindet, erst in Wahrheit ermöglicht. Denn jede Individualität bringt aus früheren Leben seelisch-geistige Errungenschaften in spätere mit und fügt zu diesen jeweils neue hinzu und macht so – allerdings auf je individuelle Art – die ganze Entwicklung mit, welche die Menschheit im Laufe der Geschichte erfährt, – und zwar sowohl im aktiven wie im passiven Sinne, das heißt durch die Taten und die Leiden, die mit dieser Entwicklung verbunden sind. Jeder trägt die Bestimmung in sich, als Individualität das Ziel zu erreichen, auf das die Geschichte der Menschheit ausgerichtet ist: die volle Verwirklichung des Menschen als Ich-Wesen. Und so sind *Menschheitsziel* und *Individualziel* miteinander identisch und in bezug auf ihre Erreichung untrennbar aneinander gebunden.

Durch diese Erkenntnis wird zugleich die andere Einseitigkeit der Blickrichtung überwunden, die mit Aristoteles einsetzte und später vor allem durch die bisherige Form des christlichen Glaubens repräsentiert wurde: die Leugnung der Präexistenz und die bloße Ausrichtung des Lebens auf die nachtodliche *Postexistenz* (Hölle, Fegefeuer, Himmel). Auch sie vermochte der wesenhaften Zusammengehörigkeit der Individualität mit der durch die Geschichte hindurchschreitenden Menschheit nicht gerecht zu werden, da sie den Einzelnen nur auf die Erlangung seiner je eigenen ewigen Seligkeit nach einem einmaligen, in beliebiger Zeit verbrachten Leben hinlenkte. Darum versagte sie auch völlig gegenüber der sozialen Frage und mußte den Versuch, diese zu lösen, dem materialistisch-atheistischen Marxismus überlassen.

Erst die neue Reinkarnationserkenntnis, wie sie durch die Anthroposophie Steiners errungen wurde, hat, indem sie mit gleichgewichtiger Bewertung die Prä- wie die Postexistenz ins Auge faßte, auch die Zusammengehörigkeit zwischen einzelmenschlicher Individualität und Gesamtmenschheit in ihrem wahren Wesen, und das bedeutet zugleich: die Beziehungen zwischen dem *einzelnen Lebenslauf* und der *geschichtlichen Menschheitsentwicklung* ans Licht gehoben. Sie hat uns damit auch die Tatsache zum Bewußtsein gebracht, daß jeder Einzelne so, wie er nicht nur sein persönliches Schicksal darlebt, sondern auch Menschheits- und Völkerschicksale unentrinnbar mitzutragen hat, auch in seinen Taten nicht nur für sich selbst verantwortlich, sondern auch für die Zukunft der Menschheit mitverantwortlich ist.

Perspektiven der Anthroposophie

Erhard Fucke
Lernziel: Handeln können
Band 5501

Frans Carlgren
Erziehung zur Freiheit
Die Pädagogik Rudolf Steiners
Band 5502
Der anthroposophische
Erkenntnisweg
Band 5543

Rudolf Frieling
Christentum und Islam
Der Geisteskampf um das
Menschenbild. Band 5503
Christentum und Wieder-
verkörperung
Band 5516

Kurt E. Becker/
Friedrich Hiebel/
Hans-Peter Schreiner
Rudolf Steiner:
Der anthroposophische Weg
Band 5504

Rudolf Meyer
Die Weisheit der deutschen
Volksmärchen
Band 5505
Zum Raum wird hier die Zeit –
Die Gralsgeschichte
Band 5532

Emil Bock
Wiederholte Erdenleben
Band 5506
Der Kreis der Jahresfeste
Advent · Weihnacht
Epiphanias · Passion · Ostern
Himmelfahrt · Pfingsten
Johanni · Michaeli. Band 5520

Karl König
Die ersten drei Jahre
des Kindes
Band 5507

Bruder Tier
Mensch und Tier in Mythos
und Evolution. Band 5530

Johannes Hemleben
Das haben wir nicht gewollt
Sinn und Tragik der
Naturwissenschaft. Band 5508

Hermann Poppelbaum
Mensch und Tier
Fünf Einblicke in ihren
Wesensunterschied. Band 5509

Friedrich Husemann
Vom Bild und Sinn des Todes
Band 5510

Alfred Schütze
Das Rätsel des Bösen
Band 5511

Fischer Taschenbuch Verlag

Perspektiven der Anthroposophie

Ehrenfried Pfeiffer/
Erika Riese
Der erfreuliche Pflanzgarten
Anleitung zur Gartenpflege
nach der biologisch-
dynamischen Wirtschaftsweise
Band 5512

Walter Abendroth
**Rudolf Steiner und die
heutige Welt**
Band 5513

Reinkarnation
Band 5572

Margarita Woloschin
Die grüne Schlange
Lebenserinnerungen einer
Malerin. Band 5514

Walther Bühler
**Nordlicht, Blitz und
Regenbogen**
Metamorphosen des Lichts
Band 5515

Friedrich Hiebel
**Goethe.
Die Erhöhung des Menschen**
Perspektiven einer
morphologischen Lebensschau
Band 5517

Stefan Leber
**Selbstverwirklichung,
Mündigkeit, Sozialität**
Eine Einführung in die Idee
der Dreigliederung des
sozialen Organismus
Band 5519

Gerhard Wehr
**Der pädagogische Impuls
Rudolf Steiners**
Band 5521

Hans-Werner Schroeder
Mensch und Engel
Die Wirklichkeit der
Hierarchien
Band 5522

Hans Georg Schweppenhäuser
Das kranke Geld
Vorschläge für eine soziale
Geldordnung von morgen
Band 5523

Olaf Koob
**Gesundheit – Krankheit –
Heilung**
Grundbegriffe einer menschen-
gemäßen Heilkunst in der
Anthroposophie Rudolf
Steiners
Band 5524

Fischer Taschenbuch Verlag

fi 102/4b

Perspektiven der Anthroposophie

Perspektiven der Anthroposophie

Hans Müller-Wiedemann
Mitte der Kindheit
Das neunte bis zwölfte
Lebensjahr
Band 5539

Stefan Leber
Die Sozialgestalt der
Waldorfschule
Ein Beitrag zu den sozial-
wissenschaftlichen
Anschauungen
Rudolf Steiners
Band 5540

Friedrich Husemann/
Walther Bühler
Wege und Irrwege
in die geistige Welt
Drogen – Autogenes Training –
Yoga – Meditation
Band 5541

Albert Steffen
Kunst als Weg zur Einweihung
Der Künstler als Sozial-
therapeut
Essays. Band 5542

Rudolf Treichler
Die Entwicklung der Seele
im Lebenslauf
Stufen, Störungen und
Erkrankungen des Seelen-
lebens
Band 5544

Dieter Lauenstein
Der Messias
Eine biblische Untersuchung
Band 5546

Herbert Witzenmann
Vererbung und Wiederver-
körperung des Geistes
Band 5547

Georg Kühlewind
Die Wahrheit tun
Band 5548

Theodor Beltle
Die menschenwürdige
Gesellschaft
Band 5549

Hans Erhard Lauer
Vom richtigen Altwerden
Der menschliche Lebenslauf,
seine geschichtlichen Wandlungen und seine Gegenwartsprobleme
Band 5560

Kurt Brotbeck
Der Mensch –
Bürger zweier Welten
Menschenkunde als
Erziehungs- und Führungshilfe
Band 5561

Fischer Taschenbuch Verlag